LYRIKEDITION 2000

begründet von Heinz Ludwig Arnold †

herausgegeben von Florian Voß

Allitera Verlag

Richard Dove

Die zwei Jahreszeiten

Gedichte

LYRIK
EDITION
2000

Informationen über den Verlag und sein Programm unter:
www.allitera.de

Informationen über die Lyrikedition 2000 unter
www.lyrikedition-2000.de

September 2016
Allitera Verlag
Ein Verlag der Buch&media GmbH, München

Frontispiz: Fresko, Bozner Schule um 1400, an der Südseite der Kapelle St. Valentin über Seis am Schlern
Printed in Europe · ISBN 978-3-86906-935-7

Doch unser aller heimat bleibt das licht
Zu dem wir kehren auf gewundnen stegen.

Stefan George: Das Jahr der Seele
(1897)

Vorgedicht

Ut pictura poesis

Nichts

als ein Haufen
Druckerschwärze,
der das schmetterlingshafte Erlebnis
so teilnahmslos, so endgültig,
unter sich begräbt.

Keine Übersetzung der Dinge.
Verloren geht alles.

Strohblonde Madonna
mit den extravagant leeren Augen
an der Bergkapelle am Schlern,
jetzt rostig verschlossen,
starrt über die Fluren.

Nur Wolken, nur Stein.

Südlich der Stadt,
wo Gott einst studierte,
südlich von Göttingen,
Chaoslichter.
Wir bilden eine Gasse,
als ob das Meer geteilt würde –
ein farbenfroher, verspielter Kleinwagen,
halb zerdrückt.

Durch die schäbigen Stäbe
der Buchstaben:
keine Welt.

Während wir warten,
erzählt der aufgekratzte Schäfer
bei der Leerfahrt,

wie still seine Schafe sind
wenn er anders,
zum letzten Mal,
in der Türe steht.

I Winter

Bachmann

Vom höchsten Stockwerk stürzt sie in die Tiefe.

Nein, nicht abhanden kamen ihr die Worte.
Sie wurden abgelegt wie protzige Kleider,
schlimmer Fehlkauf, noch Ärmeren geschenkt.
In Lumpen fiel sie, auf abschüssiger Seite
zugrundegehend, festen Grund aufsuchend,
das heile Grün der Häuser Prags, ringsum
denaturiertes Grau des Kapitals.
Oben das schmutzige Geschäft, Rhetorik,
weit unter ihr ein Absolutes, Schweigen.

Das Frühre ausgelöscht, lernte sie neu,
jenseits von Spritzen, Zäpfchen, Schmach, Verrat,
zu sprechen, rein, kopfüber, nur noch Augen,
die sich mit unerlöster Welt vollsaugten.
Sprach nicht verblümt, dort wachsen keine Blumen
am grausen Abhang, uns nur eine Floskel.
Der Wahrheit schwor sie ab, nahm nur die Dinge
noch wahr, die stumm im Sturzflug sie anflehten:
die Ratte, die zerdrückte Laus, das Mädchen,
mit Säure überschüttet und geblendet.
Verschrieb sich wortfern einer anderen Schönheit
jenseits des Farbtopfs der Vertuschungskunst,
nichts mehr im Lot bis auf ihr Taktgefühl.

Bis sie nichts fühlte. Auch Brandwunden nicht,
von Stummeln eingegraben. »Dialektik
eines zu großen Herzens« nennt man's wohl,
hier, wo die Worte herrlich sich aufblähen.

Beschleunigung, die Poesie noch dichter,
dinghafter, unentzifferbar, die Lücken
gelungener als die Gedichte derer,
die Seeanwesen sorgenarm bewohnen.

wunde
unter Terrassen wohnt die [dunkle] Tiefe

Ingeborg Bachmann: Ich weiß keine bessere Welt. Nachgelassene Gedichte

Über dir der bestirnte Himmel

Über dir der bestirnte Himmel,
die Mauer, schwer bemoost, steil aufragend,
die Weiden, unwandelbar und still
im tiefsten Januar, von einem Meer
aus Frühlingsblumen zum Teil verstellt,
von Freunden, die einzelne Blüten
bestürzt auf dich herabwerfen.
Herab
auf das glänzend schwarze Gefährt,
in dem sie dich grade den polternden
Kiesweg entlang bewegt haben.
Du, noch keine zweiundzwanzig,
die Schmerzen im Rücken, und dann im Bein,
der mächtig ausstreuende Knochenkrebs.
Indem du sie für die Welt zurechtschminktest,
hattest du in den letzten Monaten
krebskranken Frauen Mut machen wollen,
hattest auch selber, mit coolen Perücken,
den Laufsteg bestiegen.
Den Trost der Religion wolltest du nicht,
hast deine Verwandten, als alle Stricke
gerissen waren, selber getröstet.
Auf deinen Wunsch hin erklang
zum Ausgang *Little Wing*,
das Schmetterlingslied des Jimi Hendrix,
der auch früh aus der starren
Mumienpuppe schlüpfte.
Grotesk verzerrt das Gitarrenriff,
den Abflug erprobend, begleitendes Echo,
in der fröstelnden Aussegnungshalle,
Mariposa, Psyche, frei fliegend.
Sehr kurz das Lied, es verklang
wie deine tausend Lächeln,
während du durch die Wolken wandelst.
Über dir der bestirnte Himmel
und in dir das Gesetz der Liebe.

Du gingst so sanft in jene Gute Nacht

Du gingst so sanft in jene Gute Nacht,
so früh, noch auf den Lippen: Guten Morgen;
der Tod durch deine Leuchtkraft wettgemacht.

Wie hilflos-frühlingshaft die Blumenpracht
hoch über deinem Sarg mit unsren Sorgen;
du gingst so sanft in jene Gute Nacht.

Für Krebs scheint jeder Reim unangebracht,
ich finde keinen, muß den Text entsorgen;
der Tod durch deine Leuchtkraft wettgemacht.

Kaum zwanzig und schon ganz kaputtgemacht,
mußt du am Schluß Untröstliche umsorgen;
du gingst so sanft in jene Gute Nacht.

Nein, keine Worte, bloß »Es ist vollbracht«;
ich sage nur: bis dann, bis übermorgen;
der Tod durch deine Leuchtkraft wettgemacht.

Wenn du uns ansiehst, wieder aufgewacht,
ist deine Schönheit endlich unverborgen.
Du gingst so sanft in jene Gute Nacht;
der Tod durch deine Leuchtkraft wettgemacht.

nach Dylan Thomas, für Nana

Madrugada

für Elke

Morgengrauen.

Das Raubtiergebrüll
der schmächtigen Affen.

Die Jesus Christus-Eidechse
stürzt sich
über die dünne Oberfläche.

In ihrem bemoosten Unterschlupf
umklammert eine Spinne
ihr weiß-leuchtendes Ei.

Der umgekehrte Dschungel
im stillen Wasser
wirkt wahrer.

Und machen die Hobbybotaniker Bilder
von Vögeln, oder vielmehr
von Seelen?

Ich seh dein mit Leiden grundiertes,
dein vielwissendes Lächeln,
als du uns sagtest,
daß dein Krebs längst ausgestreut hatte:

Historikerin, die am besten wußte,
daß wir lediglich dazu da sind,
eine lange Nacht mitzubeenden,
einen neuen Tag mitzugebären.

Tortuguero, Costa Rica

Elternteil sein

Erhaben ist sie, lugt besorgt
heraus aus dem grobschlächtigen Holzschnitt,
aus dem finsteren Mittelalter,
aus irgendeiner Werkstatt – *bottega* –
eines längst vergessenen Künstlers.

Stur nach links stiert sie
mit unvergeßlich ungläubigen Augen,
bäuerlich, viel zu nah beieinander,
sieht die Kreuzigung, die Grablegung,
als ob sie gerade vor sich gingen.

Unter ihrem Blick
sackt der Körper ihres Säuglings,
Todgewicht bei der Kreuzabnahme,
Schlachtgewicht,
in sich zusammen.

Erhaben ist sie, so groß ihre Sorge,
daß sie sich aus dem Bildnis
gewaltsam herausgedrängt hat.

Wechselausstellung im Keller des Palazzo Medici Riccardi, Florenz

Alle verwunden, die letzte tötet

Der stechend-süße Geruch des Heus.
Die Scheune, von einer Funzel beleuchtet.
Die jungen Schafe sind alle
den Hügel hinaufgeflohen.

Es bleibt nur ein alterndes zurück,
die Mutter der Herde,
und schaut dich schwer und zutraulich an
im schwindenden Licht.

Du ahnst,
daß das Festmahl,
das die Biobauern

dir grade
üppig servierten,
ihr Junges war.

Das tiefste Loch der Welt

Gräulich schon sind meine Schläfen,
Hellweiß leuchten meine Haare.
Liebe Jugend, sie ist nicht mehr
Nah, auch altersschwach die Zähne.
Von der Zeit des süßen Lebens
Bleibt mir nun nicht mehr viel übrig.
Oft muß ich deswegen heulen,
Vor dem Tártaros mich fürchtend,
Des Aídes schaurig tiefem

Abgrund.

Mühsam auch der Abstieg.
Sicher nur und unausweichlich:
Wer hinabgeht, kommt nie wieder.

Anakréon, im ionischen Dialekt, ca. 500 v. Chr.

Vergessenheit

Unendlich sanft, unendlich still,
nivelliert sie uns alle.

Majestätisch hoch
oberhalb der Betriebsamkeit
thront sie.

Längst hab ich vergessen
(wer war noch mal ich?)
in welchem Gedicht der späte Rückert,
in welchem seiner weit über 20 000 Gedichte,
hellwach erkennt, er wäre heilfroh,

wenn sein Lebenswerk dazu dienen könnte,
den einen, reinen Ton, den er Hölty,
dem schmächtigen Frühvollendeten, schuldet,
in die Zukunft zu transportieren.

Logistik ist unser Geschäft, nicht Bleiben.
Doch diese Göttin, die alles auffrißt,
so gründlich im göttlichen Magen verdaut:

Wie mütterlich, wie zärtlich,
sie uns im Himmelsbett zudeckt.

Die Ewigkeit als Fußballspiel

Bald werden wir erschossen, übermorgen.

Doch heut' ist Waffenruhe, ist Weihnachten –
Als wär's nur Alptraum, sinnloses Abschlachten.

Der Tommy konnte einen Ball besorgen,
Eher ein Bündel Stroh, mit Draht umwickelt.
Als Tore Pickelhauben, Mützen, Trümmer.

Schiedsrichter gibt's auch nicht. Und doch im Schimmer
Der Christbaumlichter wirkt es nicht zerstückelt.

Lockres Gebolze zwischen Schützengräben.

Die Greueltaten irgendwie vergeben.

Kein Rasen, doch Fairplay im blutigen Dreck.
Kein einziges Foul, und Kuchen statt Granaten.

Während durchs Moor die schweren Stiefel waten,
Fliegt das Geschoß, gottgleich, ins lange Eck ...

Wulverghem, südlich von Ypern, 24.12.1914

Fünf Fäden tief

Das schwarze Hemd,
schwärzer als Tristans Segel,
als Hamlets Schwermut,
das coolste Fashion-Statement
in deinem Kleiderschrank,
umflattert lässig deinen wohlgenährten Torso,
verleugnet hochmütig die Näherin,
die man im Sweatshop in Bangladesch zwang,
trotz der immer tiefer werdenden Risse
ihre Kunst weiter auszuüben,
die jetzt in violettem Kleid mit rosa Schal
unter mehr als siebentausend
Tonnen Bauschutt liegt.

Der Kriegsgott an den Rekruten

Begattungslustig greift sich deine Drohne
Die geilste Königin im Hochzeitsflug:
Du mußt nicht einmal in die Todeszone,
Genießt trotzdem den heftigsten Vollzug.
Waffensysteme singen süße Psalmen
Für Erothanatos, den höchsten Gott:
Grail, Rockeye, Awe, Crusader, Ozelot.
Dir winkt auch Fronturlaub unter Napalmen,
Whitewaterrafting, Waterboarding: Springe
Weit über dich hinaus. Den Nervenkitzel
Besorgt auch schon ein schnuckliges Scharmützel.
Dem Pack gilt Krieg als Papa aller Dinge,
Sie ist vielmehr die kluge Kupplerin,
Die euch Verlierer umpolt – auf Win-Win.

Selfie, somalisch

Im Unland soll ich Ziegenschatten schützen
Vor Löwenschemen aus den schreienden Bergen,
Find nicht zurück zu meinem Sohn am Abend,
Zieh immer weiter, doch es fällt nie Regen.
Ich war nicht selbstlos, konnte aber schlichten,
Wenn es ums beste Gras, um Wasser, Streit gab.
Unterwegs traf mich mittags Höllenfeuer –
Die Drohne, die für andere bestimmt war,

Schleuderte meinen Rumpf auf einen Baum,
Die billigen Sandalen ließ sie liegen.
Von der Bordkamera kalt aufgesammelt,
Bleibt dieses Bild, das einzige meines Lebens.
Wie andere Nomaden, ahnte ich,
Daß Fotografien nichts als Unglück bringen.

Ich ist ein anderer

Ich bin der Hirte, den die US-Drohne,
Als Nebenschaden, auseinander riß,
Die Ehebrecherin, die wartet bis
Die Steine sie erschlagen, zweifelsohne,
Der Massenmörder mit den zarten Händen,
Der Fisch, der ja bekanntlich gar nichts fühlt,
Der Journalist, der im Intimsten wühlt,
Das Ungeziefer in hellhörigen Wänden,
Der kleine Fehler in dem großen Plan,
Die rettende Musik für Schopenhauer,
Unpanische Stunden des zerbrochnen Pan,
Der Wechsel, den man fromm umlügt zur Dauer,
Die Dialektik, jeden Mitleids bar,
Der Weltgeist, der schon immer bei sich war.

Mit Juvenal

Wie sah er das? Den Vers gebiert die Rage.
Gibt's weniger Grund inzwischen zur Empörung?
Weltweit siehst du kein Gleichgewicht, nur Störung,
Sollst aber nicht – denn das wär »Reportage« –

Darauf eingehn. Es heißt, die Poesie
Muß aufgeladen sein. Mit was? Konfekt?
Süffigen Bildern, nüchtern ausgeheckt?
Mehrwert? So viel mehr, man versteuert's nie?

Der Lyrikleser wolle jene Kröte
Nicht schlucken, die da heißt: Armutsgefälle,
Verstümmelung, Versklavung, Hungersnöte ...
Ein Tor, wer Leselust so stur vergälle.

Dein Hirn sieht's ein, verliert prompt den Disput;
Doch weiter führt den Griffel dir die Wut.

Litanei des Fortschritts

Privatisierung der Liegestuhlvermietung
Privatisierung des öffentlichen Verkehrs
Privatisierung der Stadtwerke Quedlinburg
Privatisierung des Kreiskrankenhauses Erding
Privatisierung des baufälligen Gotteshauses in Tornow
Privatisierung des Leipziger Bestattungswesens
Privatisierung des Besitzes der toten Hand
Privatisierung der Daseinsvorsorge
Privatisierung des Maßregelvollzugs
Privatisierung des Abschiebegeschäfts
Privatisierung der Freiheit
Privatisierung des Glücksspielmarkts
Privatisierung des Glücks
Privatisierung des Unglücks
Privatisierung des Gelds
Privatisierung des Kriegs
Privatisierung des Friedens
Privatisierung des Wissens
Privatisierung des Glaubens
Privatisierung des Restrisikos
Privatisierung des Todes
Privatisierung des Genpools
Privatisierung der Öffentlichkeit
Privatisierung des Privaten
Privatisierung der Gedanken
Privatisierung der Triebe
Privatisierung der Liebe
Privatisierung des Himmels
Privatisierung der Atemluft
Privatisierung der Flüsse
Privatisierung des Trinkwassers
Privatisierung des Weltraums
Privatisierung der einseitig zornigen Gedichte
Privatisierung der Seele

dedicado a todos los indignados

An die Zikade

Anakréons Ode makarizomen se, tettix *mit zeitgenössischer Verkehrung*

I

Selig preis' ich dich Cikade,
Die du auf der Bäume Wipfel,
Durch ein wenig Thau geletzet,
Wie ein König glücklich, singest.
Dein umher ist ja dort alles,
Was du siehest auf den Fluren,
Und was bringen unsre Haine.
Dich auch liebet unser Landmann,
Denn du trachtest nicht zu schaden;
Du bist aller Menschen Wonne,
Süsse Heroldinn des Sommers;
Bist der Liebling aller Musen,
Selbst der Liebling von Apollo,
Der den Silberton dir schenkte.
Nie beschweret dich das Alter,
Weisheitsvolles Kind der Erde,
Liederfreundinn, die du Schmerzen,
Die du Fleisch und Blut nicht kennest,
Fast bist du den Göttern ähnlich.

Übertragung: Johann Friedrich Degen, 1821

II

Nein, Zikade, nicht so selig
Bist du wie ich damals wähnte.
Im Baumwipfel thronst du nicht mehr,
Weil die Wälder ringsum sterben.
Von dem, was du auf den Fluren
Siehst, gehört dir nichts, denn alles
Fällt dem Kapital anheim, das
Auf die Spritproduktion um-
Stellt, die Massen hungern läßt. Nein,
Keinen Sommer kannst du künden,
Weil der Klimawandel waltet.
Liebling bist du noch der Musen,
Doch die Musen kennt kein Mensch mehr.
Phoebus selbst bist du noch teuer,
Doch verbannt sind jetzt die Götter.
Auch dein silberner Gesang, er
Ist verstummt, schlaff der Singmuskel,
Leer im hohlen Hinterleib der
Plumpe Luftsack, resonanzlos.
Als ich meinte, daß du dich vom
Tau ernährtest, war das schlicht vor-
Wissenschaftlich: Pflanzen stichst du
An und saugst sie aus, im reinsten,
Im unschuldigsten Tautropfen
Wimmeln Mikroorganismen.
Kind der Erde: ja, das stimmt noch;
Du verbringst, als Larve, fast dein
Ganzes Leben unten, mußt nicht
Ansehn, was sie hier anrichten.

Schneetrost

Beschneite Fichten, peripatetische Philosophen,
die im langen Schatten des Hochwalds
kurz innehalten.
Parusie der Sonne über dem Bergmassiv,
das so viele Mikroorganismen
aus den Meeren Pangäas hochstemmen.
Munterkeit des Gebirgsbachs,
der die Wahngängerohren,
wie die Steine, gründlich reinwäscht.
Keine Holzwege in dieser Höhe,
oberhalb menschlicher Verirrung.
Vom Berg selbst gerettet, sitzt der Überlebende,
der nicht überleben konnte,
an seinem Gletschertisch,
wärmt sich, wärmt die Angehörigen,
in der selbst gezimmerten Gletscherstube.

Hippokrene

Ich find kein Thema, das dir Kurzweil spendet,
Ins lange Leiden dieser Welt verstrickt.
Pegasus, schwingenamputiert, erschrickt,
Ist auf der glitschigen Schlachtbank längst verendet.

Wie viele Namenlose werden gleich
Gefoltert, hingerichtet? Schiere Massen.
Man kann ihr Los nicht in Gedichte fassen:
Wie du sagst, wär das Buch zu umfangreich.

dizee Theo

Die gute Welt: Von Schöpfer zu Geschöpfen
Strahlt die prästabilierte Harmonie;
Der Mönche safranfarbene Energie;
Die fromme Fülle, niemals zu erschöpfen.

Die böse Welt: Wie Reiche Arme schröpfen,
Auf keine Marsyashaut geht das; es schrie,
Und schreit, das dumme Opfer, nur Schlachtvieh;
Die Sieger spielen Fußball mit den Köpfen.

Gott kann die beiden auseinanderhalten.
Vielleicht auch der mit der Theodizee,
Die sich jetzt vor dir wälzt, entzwei gespalten.

Groß ist die Freude – größer als das Weh?
In welchem Rausch vollzog sich das Gestalten,
Das dies gebar, sublimste Schnapsidee?

für C.B. 1989-2015

O süßer Lenz

O süßer Lenz, beflügle deine Schritte (August von Platen)

Trostworte scheuen sich vor deinem Leiden,
Schrecken zurück. Nur Operationen ...
Da wären sie viel lieber Halcyonen,
Wo du nie hinkommst, auf den Sonnenweiden,

Wo du nie rastest, in den Südoasen.
Durch deine Lungen streift der Tumor leise,
Bis du kaum sprechen kannst. Die einzige Reise:
Die böse Odyssee der Metastasen.

Ein Bündel morscher Reime als Restwärme:
Nichts mit Last Minute auf die Balearen.
Schon so weit weg der Tanz der Vogelschwärme.

So viele Frühlinge mußt du entbehren,
Sechzig vielleicht, mußt in die Grube fahren,
Begleitet nur vom alten Teddybären.

für Clemens, der am 14. März verstarb

Der Schläfer am Strand (frei nach Rimbaud)

Ein kleiner Junge, erst drei Jahre alt,
Ist über unser aller Meer gekommen.
Ein Schlauchboot hat ihn munter mitgenommen
Durch des Seegangs gleichgültige Gewalt.

Die Hoffnung schickte ihn auf diese Reise,
Bürstete ihm die Haare so genau,
Zog ihn so hübsch an, rot, marineblau,
Träumte für ihn vom Land der Götterspeise.

Er ruht sich aus im rosigen Morgenlicht,
Als ob erschöpft vom harten Arbeitsleben,
Als Spielzeug nur der Brandung leises Beben.

Wer kann da helfen? Voll ist unser Boot.
Vom namenlosen Elend das Gesicht,
Liegt er hier abgewandt. Unkenntlich. Tot.

Terror ist keine Gemeinde auf Gran Canaria

In der ratlosen Menge
um die Mariensäule
erblickte ich den Tod,
der dabei war,
die Hand drohend gegen mich zu heben.
Ich nahm schnell das Auto
und floh in die Alpen.

Durch das Fenster
der lauschigen Sauna
dringt das liebliche Geläut
der Klosterglocken.
So weit außerhalb der Zeit,
so tief im Tal des Versprechens:
Nie könnte dieses Glas zerspringen.

Auf einmal pingt mein Handy,
zeigt eine SMS an:
Keineswegs hab ich Dir gedroht -
war nur etwas baff,
als ich Dich im Großstadtgewühl witterte.
Die hatten mir nämlich versichert, ich träfe
Dich erst heut abend im Tal des Versprechens :-)

Noch einmal Sommer 14

STEFAN GEORGE: KOMM IN DEN TOTGESAGTEN PARK UND SCHAU

Komm in den totgesagten park und schau :
Der schimmer ferner lächelnder gestade ·
Der reinen wolken unverhofftes blau
Erhellt die weiher und die bunten pfade.

Dort nimm das tiefe gelb · das weiche grau
Von birken und von buchs · der wind ist lau ·
Die späten rosen welkten noch nicht ganz ·
Erlese küsse sie und flicht den kranz ·

Vergiss auch diese lezten astern nicht ·
Den purpur um die ranken wilder reben ·
Und auch was übrig blieb von grünem leben
Verwinde leicht im herbstlichen gesicht.

NOCH EINMAL SOMMER 14

Komm in die todgeweihte welt und schau :
Das grelle wummern nahender granaten ·
Zerschossner mienen hoffnungsloses grau
Verdüstert deinen streng umhegten garten.

Aus welcher farbpalette wird geschöpft?
Nicht späte rosen werden hier geköpft.
»Das tiefe gelb · das weiche . .« : machst du witze?
»Auf in den kampf · mir juckt die säbelspitze.«

Vergiss nicht terroristen sind bereit ·
Nur scheinbar schlafen sie in deinem viertel ·
Und auch was übrig bleibt vom sprengstoffgürtel
Zerstört dir leicht die lezte jahreszeit.

Keine Angst

Keine Angst,
der Frühling kommt,
wenn auch
scheinbar nur
als Polypenknospen,
die man
mit der Schlinge
von der Dickdarmwand
abreißt.

II In einem Termitenversmaß

In einem Termitenversmaß

Die Termitenkönigin spricht:

Kurz, so kurz, war der Mensch der Statthalter des Erdenrunds.
Ja, Verdienste besaß er unleugbar, doch fehlerhaft
War sein Urteil; in Surrealismus zerrann ihm schnell
Seine Kunst, Waffenkunst, die er gegen sich selber stur
Richtete; und je tiefer er forschte im Wesensgrund,
Desto klarer erschien ihm die Bosheit der eignen Art.
Wir dagegen sind sozial denkend; Aufklärung war
Nie für uns ein Bedürfnis. Zweckmäßig erfolgt der Bau
Unsrer Hügel, im Zentrum die Königinkammer, dann,
Schön symmetrisch ausstrahlend, die Tunnel, wo Arbeitsvolk
Rund um eine abwesende Uhr, froh, unfruchtbar, blind,
Neben rein defensiven Soldaten, recht hübsch behelmt,
Sich fürs Größere Ganze einbringen – die Kolonie,
Nie in Frage, die beste Gemeinschaft, die es je gab.
Unsren Beitrag zum Umweltschutz hoben die Menschen selbst
Oft hervor, denn viel fruchtbarer wurde die Erde durch
Unsren Turmbau, vom Speichel der Tiere konsolidiert.
Unromantisch geht's nicht bei uns zu: In der steilen Luft
Gehn die Brünstigen brennend auf Brautschau, umkreisen leicht
Ihren Liebling, befreit von den Fesseln der Nützlichkeit.
Freilich ist die Ästhetik bei uns, insgesamt gesehn,
Klassisch, ordnungsbetont, Feindin jeglicher Anarchie.
Menschen fanden so etwas langweilig, doch nein, nicht lang
Weilten jene im Kreis der Erscheinungen, schief und quer.
Kunstausübung bei uns, wie bei denen, ist Fürstinnen
Vorbehalten; mein Schreiben ist ungelenk noch und spröd,
Doch von En-hedu-anna, sumerischer Priesterin,
Lern ich weiter, bald hab ich das Rüstzeug, das dazu dient,
Unsre ewige Herrschaft durch Lob zu verewigen.

Sappho

Fast gänzlich verschollen.

Doch was verschallt?

Die Schwingungen
so viel tiefer

als in den gedruckten Sentenzen.

Der Weg
so viel offner

als in den ganzen *Sämtlichen Werken*,
die staubig, verzweifelt-zugeklappt,
um Aufmerksamkeit buhlen.

Die zehnte Muse.

Mit aller Muße der Ewigkeit.

Gryphius-Overwrite 1643/2012

Andreas Gryphius: Es ist alles eitel

DV sihst/wohin du sihst nur Eitelkeit auff Erden.
Was dieser heute baut/reist jener morgen ein:
Wo itzund Städte stehn/wird eine Wiesen seyn/
Auff der ein Schäfers-Kind wird spielen mit den Herden.
Was itzund prächtig blüht/sol bald zutretten werden.
Was itzt so pocht vnd trotzt ist morgen Asch vnd Bein/
Nichts ist/das ewig sey/kein Ertz/kein Marmorstein.
Itzt lacht das Glück vns an/bald donnern die Beschwerden.
Der hohen Thaten Ruhm muß wie ein Traum vergehn.
Soll denn das Spiel der Zeit/der leichte Mensch bestehn?
Ach! was ist alles diß/was wir vor köstlich achten /
Als schlechte Nichtigkeit/als Schatten/Staub vnd Wind;
Als eine Wiesen-Blum/die man nicht wider find't.
Noch wil was ewig ist kein einig Mensch betrachten!

Andreae Gryphii, Freuden vnd Trauer-Spiele auch Oden vnd Sonnette sampt Herr Peter Squentz Schimpff-Spiel, In Verlegung Johann Lischken vnd Veit Jacob Treschers Buchh., Breßlau 1658

Nur Eitelkeit

Du siehst, wohin du siehst, nur Eitelkeit auf Erden.
Wo Kirchen standen, ziehn jetzt Fitness-Studios ein,
Mit Trainern, Priestern, die Fettsünden nicht verzeihn,
Auf daß ein Sixpack dich erlöst auf den Kapverden.
Wer wird die Karriere durch Normalsein gefährden?
Was prächtig blühte einst, wirkt jetzt wie starrer Stein
Dank Eigenfettaufspritzung, Botox, der ganzen Pein,
Und bei Kunstfehlern, klar, bald hagelt es Beschwerden.
Wer hat ein Einsehn, geht's doch nur um das Aussehen,
Den Auftritt photoshop-veredelt im Fernsehen,
Die ewige Jugend, die wir als den Zweck erachten?
Im Stofflichen befangen, werden wir Shopper blind,
Dem Licht zu weit entfremdet, wie es Gottferne sind:
So sehn's die Gnostiker, die Zeitloses betrachten.

Für Hofmannswaldau

Das Leben ist ja nichtiger als nichtig –
Finanzmarktblasengleich zerplatzt es richtig.
Süßliche Bitternis füllt meine Venen –
Wie kann es sein, ich bin noch nach ihr süchtig?
Einmal gewinnen, wie oft dann verlieren –
Verluste auch sind mehrwertsteuerpflichtig.
Die Sonne grinst, die Sterne heucheln Helle –
Doch bleibt die Situation zwielichtig.
Nach einem Wimpernschlag ist es vorbei –
Erst Kinderlähmung, dann auf einmal gichtig.
Der Mann, der gestern nach Seegurken tauchte,
Kam zu schnell hoch – der Meeresfriedhof trächtig
Mit einer weitren Leiche, Glocken läuten,
Als sei das Schiefmaul Tod auch noch allmächtig.
Fern in Palmyra wird der Archäologe
Geköpft – die Spezies ist niederträchtig.
Auch hier setzt sich die Tränenmauer fort –
Als wären Opfer so was von unwichtig.
Du bist viel weiter; stimmt es, was sie sagen:
Nur Liebe macht uns Blinde noch einsichtig?

El muro de las lágrimas, Isla Isabela, Galápagos

Tristan als Gewerkschaftsvertreter

August von Platen: Tristan (1825)

Wer die Schönheit angeschaut mit Augen,
Ist dem Tode schon anheim gegeben,
Wird für keinen Dienst auf Erden taugen,
Und doch wird er vor dem Tode beben,
Wer die Schönheit angeschaut mit Augen.

Ewig währt für ihn der Schmerz der Liebe,
Denn ein Thor nur kann auf Erden hoffen,
Zu genügen einem solchen Triebe:
Wen der Pfeil des Schönen je getroffen,
Ewig währt für ihn der Schmerz der Liebe!

Ach, er möchte wie ein Quell versiechen,
Jedem Hauch der Luft ein Gift entsaugen,
Und den Tod aus jeder Blume riechen:
Wer die Schönheit angeschaut mit Augen,
Ach, er möchte wie ein Quell versiechen!

Tristan als Gewerkschaftsvertreter

Wer die Arbeit angeschaut mit Augen,
Ist, wenn nicht schon tot, doch ziemlich kränklich,
Denn er weiß, sie wird ihn bald auslaugen;
Ständige Verfügbarkeit, bedenklich
Nur für die nicht, die sein Blut aussaugen.

Früher gab's, nachweislich, Arbeitsrechte,
Arbeitsplätze galten ja als sicher;
Jetzt: Outsourcing und Rückzugsgefechte,
In den Boardrooms: höhnisches Gekicher,
Nettomargen: dicker als Marx dächte.

Wem hilft diese monotone Klage?
Ich hau ab, such anderswo Isolde,
Wenn's sein muß, im fernen Land der Sage;
Keinen Liebestod bringt mir die holde –
Pures Leben, lauter müßige Tage.

Bei Droste

Ihre Nähe zur Natur
hat den Zwanzig-Mark-Schein grün gefärbt.
Ihre Spökenkiekeraugen
durchschauen die Schlichen des Kapitalismus
bis zum noch fernen Zusammenbruch.
Sie können die Währung abschaffen,
die Poesie auch abwürgen,
und doch ist die Haltung dieser Frau
nicht auszumerzen –
umso freier, je enger man sie
ins Biedermeier-Leibchen zwängt.
Wer nicht in ihrem *Geistlichen Jahr* mitschwingt,
der ist nicht mehr recht
bei Troste.

Elegie aus der Vorstadt

Wer, wenn ich seufzte, beglückte mich denn aus der Designer
Ordnungen? und gesetzt selbst, es zupfte
einer mich plötzlich am Ärmel aus Black Brushed
Cotton: ich verginge vor seinem
zu coolen Image. Denn das Schöne ist nichts
als der schrecklichen Körperobsession Anfang, den wir
zunächst, grade noch, ertragen,
und so süchtig sind wir nach ihm, weil es so langsam drangeht,
uns zu zerstören. Ein jeder Designer ist schrecklich.
Und so geduld ich mich denn und schluck meine Tränen
brav hinunter. Gibt es jemanden,
der uns hier raushaut? Designer nicht, Scheinfreunde nicht,
und die schlauen Vermarkter merkten es längst,
daß wir nicht sehr verläßlich zu Haus sind
im fremdbestimmten Leib. Es bleibt uns vielleicht
irgend ein Baumgarten an dem Abhang, daß sinnliche Erkenntnis des Wahren
nicht verschwände; es bleibt uns das Road-Movie von gestern
und der streunende Mischlingshund, dessen Ästhetik
nur unser Treusein, nicht die Modebagage, wahrnimmt.
Oh, und die Nacht, die Nacht, wenn das Fruchtsäurepeeling
uns am Angesicht zehrt –, wem bliebe sie nicht, die wunde,
verätzt-vernarbte, finsteres Abbild
unserer Leiden? Ist sie den Liebenden leichter?
Ach, sie verdecken sich nur mit subtilsten Cremen ihr Los.
Weißt du's *noch* nicht? Schmeiß weg die leeren Accessoires,

sei dein eignes No-Name-Non-Label; vielleicht daß deine Seele
die erweiterte Luft fühlt mit innigerm Flug.

Ode an Kybèle

Vorderasiatische Göttin,
die unter den Oleandern unscheinbar-strahlend hervortritt,
so oft verdrängt und doch allgegenwärtig –
Kybèle, Ischtar, Astarte, Aschtarot,
Isis, Artemis, Aphrodite, Megála Mater …
Auch in der Gestalt von Maria, Maria Meryemana,
Glücksbringerin an Schlüsselbunden.
Als blonde sowie als dunkle Gefährtin,
die einen, ernst lächelnd, durchs Leben begleitet.

Beschwören, das ist das Amt der Ode,
die Götter anrufen, per Festnetz, Mobilfunk,
am intensivsten mit bloßen Gedanken –
Gedankenübertragung, die es ihnen ermöglicht,
in unserem dicht mit Gerümpel zugestellten Sein
zum Vorschein zu kommen.

Gewiß, die Gattung der Ode verfällt,
verwandelt sich,
und im Höllenfeuer der Leukämie
trat sogar bei Rilke,
der so viele Gottheiten wieder wachrief,
kurz eine Götterfinsternis ein.
Sein letztes Gedicht, mit dem einzigen unreinen Reim
in seinem Werk, den er zulassen mußte,
spitzen Keil, um die akute menschliche Not
im gelassenen Gang des Ganzen flüchtig andeuten zu lassen,
kennt nur eine höhere Instanz:
den leiblichen Schmerz, den er odisch
als Letztes anerkennt,
um dadurch vielleicht den abrupten, zufälligen kleinen Tod
in eine sinnvollere Ordnung zu rücken –
das wirre Verrecken, das seinen so lang gehegten Glauben
an einen langsam reifenden eigenen Großen Tod
so unbarmherzig Lügen strafte.

Doch auch da erschienst du, Kybèle, wieder –
verkleidet als mondäne Schweizerin,
Nanny Wunderly, seine Nike,
die einzige, die ihm bis zum Schluß
in der Klinik Valmont,
als das Leben nur noch Draußensein schien,
die Treue hielt,
die einzige, die den am Scheiterhaufen so tief Entstellten
nicht verkannte.

Strand bei Ephesos

Ich bin das intransitive Gedicht

Pour l'écrivain, écrire est un verbe intransitif (Roland Barthes)

Ich bin das intransitive Gedicht,
geh niemals hinüber,
über die wacklig-verrottende Brücke,
hinüber zu euch, Gutmenschen, Schlechtmenschen.
Ich red nicht mit euch aus Standesgründen,
darf mich partout nicht schmutzig machen,
bin autotelisch,
seit mindestens zweihundert Jahren inzwischen.
Absolut, losgelöst
von euren so profanen Belangen.
Besitze deswegen keine Zunge, keine Hände.
Von Dienern, bewundernden,
werde ich überallhin getragen.
Zufällig schön war die Natur,
ich bin es mit Notwendigkeit.
Sprache, nicht Sache,
denn Sache ist immer vulgär, schlechte Emanation,
und nur rein selbstreferentiell
darf auch jene Sache, die Sprache heißt, sein.
Der Einfachheit halber
könnt ihr mich gerne Hérodiade nennen,
am Dialog teilhaben, der sich hier vollzieht
zwischen meinem dunkelsten,
jede Sonne verdunkelnden, Antlitz
und diesem kostbaren Spiegel kryptischer Provenienz,
dem einzigen auf der Insel erlaubten.
Sterilität, allerhöchste Schönheit!
Ein höheres Leben im Irrealis!

Obwohl ich – ihr habt's vielleicht längst erraten –
schon *nostalgie de la boue* verspüre,
das ist mein niederes Selbst,
noch nicht in Musik verwandelt,

das noch transitiv denkt,
aus mir herausgeht
hin zu den Wesen, die,
während sie verwesen,
fühlen.

Bohémiens

Böhmen liegt am Meer (Ingeborg Bachmann)

I

Bei Rios, Phnom Penhs, Prags galanten Fêten
Sind sie, Menschen der Nacht, nicht schwach vertreten.
In künstlichen Paradiesen, wo es nie tagt,
Gilt's widerspenstige Stoffe lang zu kneten,
Freilich für wenig Knete – für die »Ehre,«
Als ob Essenzen nicht sehr schnell verwehten.
Aufrecht im Untergrund wie Dostojewskij
Traumwandeln, doch im Alltag so betreten;
Von Hundefutter leben, doch Goldringe
Für eine Hochzeit schaffen, ungebeten.
Pro Generation sind zwei, drei tauglich
Für die Mäzene, die aus allen Nähten –
Bis auf die Weitblick-Naht – genüßlich platzen:
Fliegende Fische unter lauter Gräten.
Lepantoschlacht, als ob frustrierte Kater
Farbtuben auf der Leinwand wüst zerträten;
Aleatorik aus vier, fünf Buchstaben,
Tiefengrammatik für Analphabeten.
Die anderen, tagsüber in den Masken
Von Taxifahrern oder Studienräten,
Sind zwar mit vielen Wassern auch gewaschen,
Machen aus toten Wassern wache Lethen,
Doch in der Welt, die Marx – gescheiterter Dichter –
Sich schuf, sind sie die geistigen Proleten,
Verwahrlost, vagabundierend, ewig trunken
Von Absinth, Zufall, schrägen Raritäten.
Sie spielten auch im Himmel nicht die Orgel,
Dürften, wie Woyzeck, nur die Bälge treten.

II

Doch einmal – so befiehlt's der technische Fortschritt –
Gibt's nur noch Künstler, keine Exegeten,
Kein Publikum – Selbsttätigkeit, ein Spiel,
Harmonisch-irrend wie das der Planeten.
Am künstlerischen Meerwert, da liegt Böhmen:
Bachmann, Bergfrau, was werdet ihr lostreten!

Gedichte verstehen

Träg
in der schwülen Hängematte
des brasilianischen Nachmittages.

In deinen klebrig-diesseitigen Händen
glimmt ungeheuer
ein Bändchen mit symbolistischen Versen
Rubén Daríos.

Während du plump
von einer halbbegriffenen Zeile
zur nächsten hinabsteigst,
oft ausrutschst, in den Abgrund stierst,

krabbelt ein Käfer,
der als guter Hermeneut
im Zweifel immer aufs Ganze schaut,
auf demselben unbezwingbaren Berg
unbeschwert nach oben.

Bella bellissima

Wozu Gedichte – um eine schöne Biographie
zu hinterlassen?
War Ungaretti je in dieser
nicht gottgerechten Ecke Italiens,
wo *inesorabilmente*
ein grausamer Regen fällt und fällt?

Der bleierne Knall der alten Gewehre,
von noch viel älteren Jägern
auf das Wild gerichtet,
auf Wildschweinferkel, die,
je zwei unförmige, blutende Brocken,
auf den Rücksitzen der Jagdkombis kauern.

Bleierner Tag, angeschmutztes Leben.
Was bleibt einem übrig, nachdem die Sonne
anderswo untergegangen ist,
als etwa ein Sachet, schmierig glänzend, aufzubrechen,
nicht um die Haare schöner zu machen,
nur um den Überdruß zu begrenzen?

Auf der Rückseite »Schaumbad und Shampoo«
in einem halben Dutzend Sprachen.
Aus den plumpen, dunklen Wellen
steigt, flüchtig angedeutet, völlig unerwartet,
auch im so späten Griechisch noch frühmorgenleicht
die Schaumgöttin auf: *Aphróloutro kai Sampouán.*

L'autore non ha altra ambizione, e crede che anche i grandi poeti non ne avessero altre, se non quella di lasciare una sua bella biografia.
(Giuseppe Ungaretti)

Das Lissaboner Telefonbuch

Schlagt es nur auf, ich war nicht singulär –
Lauter Pessoas, und das heißt Person,
Maske, befreit von subjektiver Fron.
Wie kleinlich wirkt die Selbstsucht; so viel mehr
Gibt es als meine wenigen Heteronyme –
Bukoliker, Formgläubiger, Futurist.
Nie schrieb durch mich Baal, Beauvoir, ein Sufist ...
Das Ich, das Ganze, sind doch Synonyme.

Durch die Verlängerung der Telomere
Seid ihr bald länger da, so lang wie Noah,
So lang wie die unsterbliche Stadt Lisboa,
Könntet in Sprachen, die aussterben, leben,
Die euch ganz andere Perspektiven gäben.
So viele Ufer; und ihr wärt die Fähre.

Amygdala

Mandeläugige Schönheit

tief in meinem Hirn

In meinen niedrigen Tagen

du mein hohes Lied

Du füllst die autistisch-leeren Jahre

mit Sinn, mit betörender Sinnlichkeit

Du innere Muse

geliebtestes Mädchen

Dank dir ahn ich was Poesie sein könnte

der Rest ist nur Prosa

Porträt des Künstlers

Er geht in den Urwald,
Brasiliens Selva,
schafft sich eine Lichtung
im finsteren Umkreis;
geht jahrelang dorthin
in Stunden, in langen,
die er aus der Kürze,
der lästigen Kürze,
sich lässig herausschnitzt;
erfindet Figuren,
erfindet sie besser,
bis ihm eine Schar von
Geschöpfen dann treu bleibt;
erst nach seinem Tod stößt
man auf seinen Holzweg
hinein in den Dschungel
und fragt sich, was solche
Figuren bezwecken?

Ästheten

Fünf Stunden brauchte
Beau Brummell
für seine Morgentoilette.

So viele Stunden hat sie wohl
nicht mehr,
die vereinzelte späte Fliege.

Doch steht sie so achtsam
auf dem Spiegel,
reinigt ihre Beine,

die Pforten ihrer Wahrnehmung.
Und muß im Unterschied
zu dem berühmten

fernen Verwandten
keine Bottinen
mit Schampus polieren,

um einem Kronprinzen,
der sich bald langweilt,
zu imponieren.

Als Krolow nicht mehr sprechen kann

Als Könner hat er jede Form besessen,
War König auch im Poesiebetrieb.
Entsprang sein Dichten einem echten Trieb?
War er, der ewig Kühle, je besessen?
Die Nachwelt wird's nicht glauben, schnell vergessen
Wird sein Werk sein, doch jetzt liegt er im Sterben,
Allein mit seiner Frau und all den Scherben.
Als wollte er, ein letztes Mal, sich messen

Mit dem, was nicht vergeht, hebt er den Finger,
Kritzelt auf Luft. Will er der Überbringer
Der schwersten Nachricht sein? Ein Weltgericht
Sein letztes, erstes, einziges Gedicht?
Sollten die nicht mehr ausgeführten Worte
Sogar der Weg sein bis zur Himmelspforte?

Aus der Geschichte der Metrik

O nein, harmonisch wie vor dem Epochenbruch
Wird's nie mehr sein, mit Goldschnitt, Leder, Herz und
Schmerz.
Der pubertäre Rimbaud schockt den braven Chef
Der Parnassiens: »Hey, können wir das Ungetüm,
Den Alexandriner, unterdrücken?« Whitman haucht
Freirhythmisch-odisch die erstarrte Metrik an,
Schafft ein Gefährt, in dem der Schund des Bürgerkriegs –
Die Basket-Cases, armlos, beinlos, hoffnungsarm –
Nach Hause können. Die Rhetorik bringt Ez Pound
Brutal um; Helfershelfer sind die Images.
Und, fast gleichzeitig, sorgt der Postbeamte Stramm
In einem andren Krieg für reinste Mimesis,
Indem er seine Syntax mit MG zerschießt.
Celans Selbstamputierungen – Zertrümmerung,
Um Heiles freizusprengen – warn ein weitrer Schritt.
Auch wenn so mancher weiter tut, als ob nichts wär,
Noch warme Leichen drillt, gibt's keinen Weg zurück.

Die Poesie, sie ist und bleibt Verlustgeschäft:
Der Reingewinn, den sie mit Allem, Nichts, einfährt,
Wird im gemeinen Orkus als Verlust verbucht.
Doch ist sie ewig wandelbar: Slam, Werbespruch,
Betörendes Tor, Lichtstrahl an finstrer Kerkerwand –
Nirgends ein Ort, wo sie nicht überwintern kann.
Von daher wär es schlicht verkehrt, betrübt zu sein,
Daß alte Formen Heutigen unsichtbar sind.
Faust brachte Helena dazu, den Trimeter,
Den graziösen Langvers, ihm zuliebe ab-
Zukürzen, bis sie Schillers stumpfen Blankvers sprach,
Brachte ihr seine Reime bei, die uns so fad
Inzwischen schmecken – so weit, so leer virtuos.
Bewegend aber, wie er noch, nachdem sie – nach
Nur einem Liebestag – ins Schattenreich zurück-
Befohlen wurde, weiter an dem Trimeter,

An ihrem Versmaß, festhält, wie an ihrem Duft.
Ganz gleich, ob diese Form nur noch wie Prosa wirkt
Von dem Verlierer, dem Gewinn ein Fremdwort ist.

Notizen zu einem politischen Gedicht

Beug dich andächtig über Mallarmé
Und, Abrakadabra!, ist die Welt ästhetisch.
Die Fächer feiner Frauen um den Teetisch.
Ein Toast auf Nachruhm aboliert das Weh.

Oder versetz dich übers Libysche Meer –
Sehr weit nur in den Augen Fliehender –
In die orangne Reihe Kniender,
Jeder vorm eignen schwarzumhüllten Henker.

Wie friedlich hier die Ziegenglocken läuten,
Weit weg die Polis – alles wär im Lot,
Hörte man nicht wie Menschen Menschen häuten.

Wer aufgeht in den eignen Interessen,
Feinsinniger Faun mit Flöte und Mätressen,
Den nannten die Altgriechen Idiot.

Südwestkreta

Die langen Blicke durch die kurze Zeit

Du wirst ja niemals dieses Machwerk lesen.
Wie Sand am Meer der Zeit treiben Gedichte,
Der kleinste Wellenschlag macht sie zunichte;
Das hellste Buch: Verlies für Schattenwesen.

Du liest Laoten, Syrer, Kongolesen:
So rasant anders das Verinnerlichte,
Vielfache Deutung einer Heilsgeschichte.
Legst dann fast alle weg: Seelenprothesen.

Dahinter stehn in einer weiten Flucht
Zunehmend Leuchtende, Vergessene,
Und vorne schimmert vieles, unversucht,
Geduldig wartend auf Besessene.

Die langen Blicke, die das dir erlaubte –
Schlimm wär's, wenn mein Konstrukt die Zeit dir raubte.

Aus den Übersetzungen verschollener Sappho-Imitationen

Elisabeth Axmann in memoriam

Vorbemerkung:

Die folgenden Verlautbarungen verschiedener Sappho-Epigonen aus den verschiedensten Epochen haben eines gemeinsam: Sie wurden alle im Sapphischen Vierzehnsilbler abgefaßt, dem Versmaß des zweiten Buchs der Werke Sapphos, dessen Inhalt von der Zeit sowie von anderen Feinden vollständig vernichtet wurde. Insofern stellen diese Übertragungen, die an einigen Stellen Lücken möglichst kontextgetreu überbrücken mußten, den Versuch einer Rekonstruktion, einer kleinen Restitution, dar.

I

Sappho redet mit ihrem Gedicht

Noch bevor ich dich schreibe, mein Lied, bist du schon zerstört.
Denn du birgst doch die Leidenschaft, die sich nicht nennen darf,
Die so absolut quer zu den Moden und Maden liegt
Und, vulkanisch, die Sohlen und Seelen verbrennen muß.
Kennst Umarmungen, Stellungen, die ja im müden Bett
Lauer Spießer Empörung erzeugten, das Kind des Neids.
Schaust auch klar durch das Maskenspiel hin zum Gesicht, das, feig,
Böse Zungen ausstreckt mit dem Speichel des Machtgelüsts.
Sieh, die Wucht einer Zukunft, die deine Gestalt nicht schätzt,
Hat dich jetzt schon zermalmt, nur auf Mumienkartonage,
Bruchstückhaft, unter nubischen Wüsten, verbleibt die Spur.
Zehnte Muse, so nennt man mich bald, doch dann naht die Zeit
Ohne Musen, die Zeit starrer männlicher Meinungen,
Bilderstürme, der Engel, der rückwärtsgetaumelt kommt.
Alles monotheistisch, wobei du am besten weißt,
Daß auch ich nur die Eine anbete – die mich verschmäht.
Darum freue dich, Lied, des Moments, der Intensität,
Die die Liebe dir einhaucht, und trotze dem Bildersturm.
Deiner stetigen Brandung vertrau ich mich gerne an –
Wenn der Kosmos austrocknet, dann fließen wir anderswo.

II

Panische Stunde

Blau wie tiefste Befriedigung hält dich die See umarmt.
Im äolischen Rhythmus der Dünen ist dein Zuhaus.
Priester schwärmen aus, lösen im Rausch jede Starre auf.
Schon der Thymian brennt deinen Staub, bis er hellwach schaut.
Im Zenit steht der Helios, weicht keinen Zoll vom Fleck.
Pan erscheint nicht – er ließ sich großzügig zerstückeln, liegt,
Früh und spät, ob als Fels oder Flüßchen, um dich herum.
Ewig währt diese Stunde, gespalten ist keine Zeit.

III

Fragment eines Lehrgedichts

»[...] Spät, so spät, und ich trag einen Toten in mir herum.«

Schau doch um dich: Die Sonne geht auf wie am ersten Tag;
Schwefelwasser entströmt dem Gebirge und reißt dich mit,
Überwältigt die Sorge, dir auch als das Selbst bekannt,
Überflutet dich, bis du ein Ding unter Dingen bist;
Schwefelwasser, die Milch aus den Brüsten der Allnatur,
Die dich auch in den wechselnden Krisen so ruhig wiegt;
Schau genauer: Flurgötter, Quellnymphen sind überall,
Und tief drin im Gewimmel der Götter ist auch dein Platz;
Endlich zwar ist die Welt, doch wie Schlafmohn im grünen Feld
Wachsen andere Kosmoi, in denen die Ordnung wohnt;
Auch das Nichts, so geräumig, ist nichts als der Enge Angst.
Ursprung, traue dich, traue dich endlich, und spring hinein,
Anonym und zusammengehörig wie Dichter sind,
Die ein Versmaß sich teilen als Wein, als ein Sakrament;
Auch die platteste Prosa fängt langsam zu tanzen an,
Strebt nicht mehr nach dem Ziel, das schon immer ein Kreislauf war
[...].

IV

Weltlos

Thalassa, wie der Rhythmus der See unser Tun durchherrscht.
Noch die niederen Alltagsverrichtungen trägt sie mit,
Von der Mutter, Selenna, begleitet und klug bewacht.
Auch die Tempel der Götter verneigen sich vor ihr scheu,
Weil sie täglich vom Staub der Gewöhnung die Welt reinwäscht.
Thalassa ist der Kehrreim, auch dort, wo's den Reim nie gab.
Auch die später mit Schlick und mit Algen Behandelte
Kennt den Namen, auch wenn sie nicht weiß, daß er griechisch war.
Doch so krank kann ja hoffentlich niemand mehr sein wie der,
Wirr im Urwald der finsteren Bücher, der Philosoph,
Der Sophia nicht liebt und als »weltlos« ein ganzes Volk –
»Weltlos,« schlechter als Tiere, die schon für ihn »weltarm« sind –
Aus der Welt schaffen will mit dem Spruch »Reinigung des Seins.«
Genozid, liebe Atthis, ein Wort, das du kaum verstehst.
Nein, erschrick nicht, das liegt noch sehr lang in der Zukunft Schoß.
Bade, Liebste, mit mir und genieß diese frühe Flut.

V

Wiedergeburten

Nicht als Drache, den gibt's nur im Märchen, das Fleisch des Weibs,
Bös, in das ein pausbäckiger Ritter die Lanze stößt.
Gern als Eidechse, die im smaragdenen Mantel lang
Auf dem Stein in der Sonne sich hinstreckt, ein All sich träumt.
Doch du kommst, das ist klar, als Waran auf die Welt zurück,
Dessen schuldig-unschuldiger Gifthauch die Wesen quält.
Auch als Kaiman mit schiefem Gebiß in dem Mörderzoo.
Oder, kleiner, als Lurch in dem Waschraum im Reihenhaus,
Dem im Dunkeln nur eines die Einzelhaft leichter macht:
Sich in warmen Schmutzwasserkaskaden vergessen, kurz.

VI

Meditation für Fahrräder

Dein Dynamo singt hügelaufwärts wie -abwärts sein Lied:
Schwerstes Om aus den Tiefen des Bauchs, wenn der Weg steil steigt;
Hektisch, ganz überdreht, wenn du leicht in die Ebne rauschst.
Im Nicht-Kopf nur der eine Gedanke: DHA-RÁM-SA-LÁ!
Was wird, wenn das Exil jenes Gurus zu Ende geht,
Der das Fremdwort schlechthin, Toleranz, seit so langem lebt?
Nur dein Drahtesel übt sich, so scheint es, in Achtsamkeit.

VII

Elysion

Liebste, was ich noch sagen will, falls du es dereinst liest:
Mir bist du Paradies wie der Mond dem stockdunklen Meer,
Hades all jene Orte, wo du keinen Tag verweilst.
Hyperbolisch? Mein Speer trifft nur ziemlich genau ins Ziel.
Dank dir war ich hienieden auch schon in Elysion.

III Unterwegssein, die Heimat

Unterwegssein, die Heimat

Hast du genügend Kleingeld,
Und unterliegst dem Zwang nicht,
Kleinbürgerlich zu schuften,
Das Los der Allermeisten
Im schmalen Erdenleben,
Sollst du nur noch aufbrechen,
Das Weiteste zu suchen,
Bis dir die Knochen brechen
Vor seliger Anstrengung:
In Wüsten meditieren,
An Küsten dich zerstreuen,
Bis auch für's Ungereimte
Ein Reim sich endlich findet.

Doch wehe, sagt dir einer,
Der sich zu gut da auskennt,
Du bleibst zu lang, zum Beispiel
Auf jener Liebesinsel
Südlich von Süd, Kithira,
Mit Rosen in den Haaren,
Kopfschmerzen vom Roséwein,
Aug in Aug mit der Göttin,
Die immer mehr von dir will,
Als du, armsel'ger Schlucker,
Ihr jemals geben könntest.

Im Paradies festsitzen:
Für die Hartz-IV-Empfänger
Klänge das wohl sehr zynisch,
Und es ist kaum erträglich,
Daß viele keine Sprünge
Ins Glück sich leisten können.
Doch mir ging es recht oft so.

Mir, Anakréon, den du

Vielleicht ein wenig kennst noch
Aufgrund von spätem, seichtem,
Arg süßlichem Getändel,
Mir fälschlich zugeschrieben,
Weil mein Werk, abgrundtiefer,
Der Zeitabgrund verschluckte.
Du kennst mich höchstens nur noch
Vom gängigen Klischeebild
Als heiteren Rentner, der sich
Mit Wein aus dem Discounter
Und Showgirls aus dem Fernseh'n
Reststunden klug vergoldet.
Beachten sollst du trotzdem
Mein bitt'res Paradoxon:

Verläßt du Paradiese
Rechtzeitig nicht, umdrohen
Dich bald nur noch Verliese.

Was du brauchst, ist Bewegung,
Und wenn auch nur im Kriechgang
Der monotonsten Metren,
In diesem beispielsweise.
Was wäre aus Odysseus
Geworden, wenn er damals,
Nach seiner Rückkehr, bieder
Mit Jagdhund und Gemahlin
Am Herd geblieben wäre,
Nie mehr das Land erblickte,
Aus dem wir alle stammen,
Unterwegssein, die Heimat?

Postkolonial: Eine Trance

Die Drone-Musik chillt bis zum Ozean,
Löscht Name, Alter, Zugehörigkeit.
Was unerträglich eng war, ist jetzt weit,
Alles Zersplitterte jetzt abgetan.

So viele Inselwelten, die dort treiben,
Wenn auch zwei, drei sich als Imperien wähnen.
Archipelagisch driften sie, ein Sehnen
Ins Offne: Nur was nicht so bleibt, ist Bleiben.

Endlich wird Kolonie zu Kolo-Nie,
Weil die Ausbeuter überwältigt werden
Von der Schwarmweisheit der Peripherie,
Das werdende Geflecht nicht mehr gefährden.

Alle Mestizen, alles ist kreolisch,
Und nur der Rassendünkel diabolisch.

Sal, Cabo Verde

Sehenswürdigkeiten

Genau zwei davon:
Das Wrack eines Frachters
und – mühselige Kilometer weiter
auf einer traurigen Straße,
über die Hände der Sklavenarbeiter –
das Wrack eines Leuchtturms.

Sonst nur Halbwüste,
winkende Sträucher,
berauschte, menschenleere Strände,
von der Sahara hierhergetragen.

Unterhalb eines schwarzen Berges
flüstert ehrfürchtig untereinander,
in den praktischen dunklen Gewändern,
eine versprengte Gemeinde von Steinen
auf einer langsamen Pilgerfahrt.

Boa Vista, Cabo Verde

Hell's Kitchen

Das Telefon tot,
der Eingang, die Fenster zugemauert,
aus den Ritzen verneint
das gedächtnisblinde Unkraut –
nichts in der engen, finsteren Gasse
hier oben im Bairro Alto
erinnert an jenen Abend
vor nicht einmal dreizehn Jahren.

Die Zukunft entwerfend,
hatte die junge Wirtin ihre Speisekarte
in bunter Kreide tachistisch
auf die Wand projiziert.
Wir saßen im warmen Dämmer
zwischen schwankenden Kerzen
und tranken den Rotwein

bis wir genau
an der Grenze wandelten

zwischen vermeintlichem Diesseits
und mutmaßlichem Jenseits,

merkten, wie willkürlich
jene Grenze gezogen wird,

wie leicht es sich anfühlt,
tief innen Dionysos zu sein

nach der ganzen gottlosen Plackerei.

Inseln des ewigen Frühlings

Wäre Ovid ungern hierher verbannt?
Der launische Torkelgang der Jahreszeiten
Entfällt, die Enge weicht zephyrischen Weiten,
Und statt des Schicksals glänzt gepflegter Strand.
Was fehlt, ganz ehrlich, noch zum Paradies?
Schlangen gibt's nicht, auch keine Skorpione.
Eva ist hübsch, auch Adam ist nicht ohne.
In ihrem blühenden Garten ist nichts mies,

Bis auf den, der sich breitmacht: den Touristen.
Er zählt zu jenen wunschlos satten Reichen,
Die nichts stört, auch nicht feiste Wasserleichen
Von Flüchtlingen. Der Radiosender mahnt:
Gott hat den Lauf der Welt vorausgeplant,
Der Fortschritt ist ein Trick des Antichristen.

Islas Canarias

Visión fugáz

Por encima de Pangea,
por encima del estrés, de la depresión,
bailamos una vez, una vez más;
por encima de la lluvia ácida, del calentamiento,
las cosas que cambian
y las cosas que permanecen,
el lento desmoronamiento
de lo que existe,
la reintegración constante;
acompañados de una gaita,
roncón, bordón, el bajo continuo
de las muchísimas culturas
que habitan en el gran, el único continente
bajo una luna llena, luna nueva;
continente a nuestros pies
que se está desintegrando,
fosa de hundimiento que sigue ahondándose;
mientras los ángeles bailan
en la punta del alfiler, en la punta radiante,
y dentro de nuestras cabezas
oscuras, tan oscuras;
en el meollo de los seres,
alegremente bailando, bailando un vals lento,
naciendo, viviendo, adaptándose;
interacción vertiginosa
con todas las demás criaturas,
un baile entre semejantes
en la luz del sol vehemente
bailando con las sombras.

a bordo del barco Océanos entre Tenerife y La Gomera

[Flüchtige Vision

Weit über Pangea, / weit über dem Stress, der Depression, / tanzen wir einmal, einmal mehr; / weit über dem sauren Regen, der globalen Erwärmung, / den Dingen, die sich verändern, / und den Dingen, die dauern, / dem langsamen Auseinanderbröckeln / von dem, was ist, / dem beständigen Sich-Reintegrieren; / begleitet von einer schlichten Sackpfeife, / Brummbaß, Bordun, dem basso continuo / der so unzählbaren Kulturen, / die den großen, den einzigen, Kontinent bewohnen / unter dem Vollmond, unter dem Neumond; / Kontinent zu unseren Füßen, / im Begriff, auseinanderzubrechen, / Grabenbruch, der sich weiter vertieft; / während die Engel auf der Nadelspitze, / der glänzenden Spitze, tanzen, / zugleich in unseren Köpfen, / den dunklen, so dunklen Köpfen; / im Wesenskern der Kreatur, / ausgelassen tanzend, tanzend einen langsamen Walzer, / dabei, geboren zu werden, zu leben, sich anzupassen; / schwindelerregendes Miteinander / mit den Geschöpfen, mit allen andern, / ein Tanz zwischen Seelen, die sich ähneln, / im Licht einer heftigen Sonne, / die mit Schatten tanzt.

an Bord der Fähre »Océanos« zwischen Teneriffa und Gomera

Grau

Grau der Pazifik, der das Mal von Antarktika trägt.
Grau der Himmel, ein Eselsbauch.
Grau das Taubenkonzil, das erschrocken
weg vom Vorhof des Klosters hochfliegt.
Noch grauer die Gebeine
in den Katakomben,
penibel geordnet in langen Truhen
unter den Wache haltenden Lampen,
genug Einwohner für eine größere Mittelstadt.
Von einer zentralen Sternblume aus,
Ansammlung von Schädeln,
verlaufen strahlenförmig Femuren,
die weitere Schädelkreise verbinden.
Radiale Ausstrahlung nach außen
bis zum Kreisrand,
gekonnte Abbildung der Fensterrosen
in den gotischen Kathedralen,
durch welche die Sonne,
die Sonne der Erlösung, bricht.
Der Mensch – das war lange vor der Shoah –,
als Jemandsrose,
unter dem Hochaltar erwartungsvoll überwinternd.
Wie viele zerrissene Schädelstätten,
wie viele Schädel ohne Ruhe.
Doch hier gesellt sich zur Liebe die Kunst,
kein Grauen, nur Grau, ein frommes Spiel
wie bei den Sand-Mandalas, die jene Grenze
zwischen Ich-Haftung und leerem, vollem Raum durchbrechen
und nach der Andacht gleich weggewischt werden.
Das Grau einer Kunst,
die Morgenrot in den Augenhöhlen
durchscheinen läßt.

Convento de San Francisco, Lima

Nabel der Welt

Die Stätte, entlegen in den Anden,
die der Sonnengott einst
für seine Hauptstadt bestimmte.

Zurückgedrängt dann von den Conquistadores
die Sonnenverehrung,
ausgemerzt.
Man stülpte die schweren,
siegessichren Barockkirchen drüber.

Die UV-Strahlung
durch die pilgernden Sonnenbrillen
beweist aber trotzdem die Nähe des Gottes.

Das blendende Aufblitzen auch
in den Augen des greisen Bettlers
vor dem einstigen Sonnentempel –

sein einziges Vermögen, so scheint's,
das wurmstichige Holz seiner Beinprothese –,

als er ganz sicher sein kann,
daß er eine ganze Sonne,
Einheit der Währung hier oben, 20 gottlose Cents
im glanzlosen Geld der Niederungen,
für seine umschattete Bleibe erhält.

Cusco, Perú

Sincretismo

Wie kannst du ganze Völker unterjochen?
Du unterwanderst leise ihren Glauben.
Den ganzen Silberschatz kannst du dann rauben,
Das Indiorindfleisch wird für dich malochen.

Der Berg ist diesen Seelenlosen heilig,
Stell dann die Jungfrau schön gebirgig dar,
Mach Christus brauner, stämmiger, als er war.
Dir fällt was ein, du hast es schließlich eilig.

Mit Cocablättern stopf die Hamsterbacken,
Dann halten sie's im Bergwerk länger aus,
In wackelnden Stollen wird's ein echter Schmaus.

Beim Letzten Abendmahl, Judas im Nacken,
Darf Jesus – merk das – nur Meerschweinchen speisen,
Soll er ins schmutzige Jenseits sauber reisen.

Cerro Rico, Potosí 1545

Indiorindfleisch: a lomo de indio
= abschätzige Redensart »auf dem Rücken der Indigenen«

Ode auf die Kotztüte

»Nur noch eine Kotztüte kann uns retten.«
(einem deutschen Philosophen zugeschrieben)

xx _ v v _ // _ v v _ v x
xx _ vv _ // _ v v _ v x
_ x _ v v _ v
_ x _ v v _ v _

Wie im Nachtzug, der sich // über die Gleise bäumt,
Wie im Flugzeug, das Luft // löchern nur schwer standhält,
Schwankt's im Motorboot heftig
Auf dem nicht-stillen Ozean.

Hoch der Auslastungsgrad, // überbeladen gar –
Einer schlägt schnell ein Kreuz, // wenn wir aufs offne Meer
Steuern, eine muß ständig
Beten gegen den Untergang.

Auf der Hinfahrt gab's noch, // von einer Rolle, dünn,
Plastikhüllen, in die // sonst in dem Supermarkt
Obst gesteckt wird, wir hielten
Sie wie teure Reliquien.

Jetzt verzichtet man auch // auf diesen Kostenblock –
Klar, sie wissen, daß uns // schwerlich entgangen war,
Wie leicht Spiegelei, Fruchtsaft,
Ins durchsichtige Säckchen flutscht.

Glücklich reist nur, wer stock // nüchtern dem Meer sich
stellt –
Trunken wird er eh bald // durch das Geschaukel, das
Harte Aufschlagen, das ihn
Flugs umwandelt in Neptuns Fraß.

Kalt die Wut, die sich dann // gegen die Kerle staut,

Die so süß-schwindelfrei // auf terra firma die
 Welterklärungsmodelle
  Basteln dürfen in aller Ruh.

Regelmäßigen Schritts, // schnurstracks durch Königsberg,
Stapfte Kant, und im Hoch // schwarzwald war Heidegger,
 Der sich gern zu dem Unbe-
  Hausten aufblies, so traut zuhaus.

Nietzsche, der Irres schuf, // Schwindelerregendes,
Der das Obdach zerschlug // der einst selbstsichren Welt,
 Lief empörend trittsicher
  Durch das statische Engadin.

Boethius war, zweifellos, // schon ein ganz andrer Fall –
Trost der Philosophie // fand er im Kerker nur.
 Drum war er ein Verwandter
  Aller unsicher Wankender ...

Shit, ich muß unterbrech // en, ohne Frühstück ist
Mir speiübel, und fern // liegt noch der nächste Port.
 Ach Kotztüte, du fehlst, doch
  Göttlich bist du als Möglichkeit!

irgendwo zwischen Isla Isabela und Isla Santa Cruz, Galápagos

Despierta, corazón dormido

Nicht weit von den immer wachen,
unvollendeten Bildern
der Frau, die erst von Breton erfuhr,
daß auch sie Surrealistin sei,

nicht weit von den schweren Küchengeräten,
der Allgegenwart prähispanischer Reliquien,
den langen Kleidern, die sie entwarf,
um das Qualkorsett, das seit dem Unfall
ihre zerbrochene Säule stützte, zu verbergen,

nicht weit von dem lachenden Gesicht
des Ehemanns, der sie auch mit ihrer Schwester betrog,

nicht weit von der kleinen obsidianschwarzen Todesmaske,
tiefernst auf blütenweißem Bett,
dem kleinen froschförmigen Gefäß mit ihrer Asche,
Niederschlag eines kurzen, eines heftigen Brands,

ein Kissen, erstaunlich schutzlos, auf dem,
sehr hübsch gestickt, die Aufforderung steht:
Wach auf, eingeschlafenes Herz.

Das blaue Haus Frida Kahlos, Coyoacán, Mexiko-Stadt

Loch in der Netzhaut

Aus dem klauenartigen Loch,
das auf einmal unten klafft, das heißt oben,
steigen plump-tänzelnd, unheimlich schweigsam,
Fabeltiere, zwei feiste Blutdrachen,
die träumerisch umherdriften, routiniert levitieren,
schwebende Arabesken, die rasch
den Großteil des Gesichtsfelds besetzen.

Mit dir trieb ich im Galiläischen Meer,
in den Untiefen trieb ich mit dir,
über den harten, weißen Steinen.
Am schon fast verlassenen Strand kam Wind auf,
nicht wie damals, nur andeutungsweise.

Wir sahn das Schiff, das zu kentern drohte,
die Angst in den Gesichtern der Fischer
und, näher bei uns, in Weiß, ein Gespenst,
das auch mit der zerrissensten Netzhaut
deutlich zu gewahren wäre,
unwandelbar aufrecht, unerschütterlich
sein uns abgekehrtes Antlitz.

Ob er auf dem aufgewühlten Wasser wandelte,
oder auf einer der Eisschichten stand,
die sich in manchen Wintern bilden,
oder an einer seichten Stelle Grund unter sich hatte,
wir wußten es nicht und es war uns gleichgültig.

Nur solche Visionen schützen vor der Blindheit.

Plastikflasche

Wie lange hält dieses Plastik? Wie lange
werden daran die Fische ersticken?

Länger, viel länger, als die Sprache
hier auf diesem Etikett – Sprache,
die sich schon seit *aiónes* biologisch abbaut.

Schau hindurch auf die Ägäis,
die kurze, schillernde Grammatik
der Archetypen.

Stin pigí,
an der Quelle,
wo einst Vorsokratiker schöpften,
wurde das Wasser abgefüllt.

Physikó, natürlich.

Heraklits Buch, nicht verloren,
nur vollständig recycelt.

Durch den schrillen Bürokratensprech hindurch –
entspricht den griechischen und den EU-Regularien –
tönt seine tiefe, von der Arché durchtränkte Stimme:

sýmphona me tin ellenikí
kai koinotikí nomothesía,

symphonisch mitklingend mit dem hellenischen
wie mit jenem gemeinschaftlichen Urgesetz.

Stómen kalós

Fische mit milden goldenen Augen
wirft die wütende Ägäis
hoch auf den Strand.

Tief in den rhodischen Hügeln,
nicht in Erscheinung tretend,
a-fantos, zentriert sich ein Kloster.

Einer der wenigen Mönche, ein leiser Amerikaner,
den der Protestantismus nicht richtig aus-
gefüllt hatte,
fand im orthodoxen Ritus
was ihn einst bei den Hopi-Indianern entzückte.

Wiederholung der gleichen Formeln,
bis man leer ist, bis Gottes Gnade –
möglicherweise, irgendeinmal –
geruht, in die Leere hinabzusteigen.

Stómen kalós
aus der antiochenischen Liturgie der ersten Stunde.
Stehen wir fest, so die militärische Übersetzung,
stehen wir in Schönheit, die eher romantische.
Für ihn meint es die Aufmerksamkeit,
die jedem Augenblick gebührt.

Draußen – dieselbe Wortwurzel –,
stási, Bushaltestelle,
daneben ein Mietauto, *autokínito*,
ein Sich-selbst-Bewegendes.

Stásis, kinésis.

Die schlafenden Alten,
wenn sie erwachten, verstünden sofort –
bis auf die Abgase.

Wir reden über Heraklit,
die Bedeutung des Spruchs, daß die Schlafenden
beim Geschehen der Welt Mitwirkende seien:
synergoùs.
Die Schlafenden als Träumende, Tote,
oder, wie überall jetzt in Hellas,
als Arbeitslose, Ausgegrenzte?

Mehr menschliche Solidarität
steckt jedenfalls im rostigen Schild
vor der Autowerkstätte, tief im Unkraut
versunken auf der Schotterstraße,
Synergío, Genossenschaft,
als in den smarten Synergien,
die im unfreien Kapitalismus
durch die Freisetzung von Mit-
arbeitern entstehen sollen.

Heraklit, sagt er respektvoll, ging schwanger
mit einer großen Konzeption
doch endete diese Schwangerschaft
zu früh, weil die Zeit
noch nicht reif dafür war.

Unbeholfen hantiert er mit der beigen Banknote,
den tollkühnen, bröckelnden Brücken hoch ü-
ber der geistigen Wüste,
die ich ihm im Tausch für die Ikonen hinlege,
Geldschein gegen geltendes Sein.
Als wäre eine Technik erforderlich,
die er nicht mehr richtig beherrschte.

Kinésis, stásis.

An eine Badende

Alles wird älter, Meer auch und Firmament,
Alles wird schwerer, doch zwischen Kithira,
  Zypern entsteigst du, Schaumgeborne,
    Täglich der Brandung und wirst nur schöner.

Paphos

Mes bouquins refermés sur le nom de Paphos (Stéphane Mallarmé)

Auf dem Mosaikboden im Haus des Dionysos
trennt keine Mauer die Liebenden.
Da ist keine Löwin. Kein Maulbeerbaum.
Kein Blut am köstlichen Schleier, den die Leopardin,
von Schönheit betäubt, im Rachen hält.
Seegras in den Haaren, ein Füllhorn hochhaltend,
auf eine Quellurne sich würdevoll stützend,
dehnt sich, ein Flußgott, Pyramos aus.
In seinem dunklen Wasser steht Thisbe
in roten Schuhen, wird mit ihm fließen
durch alle Widrigkeiten Kilikiens hin zum Meer.
Sonst ist der heilige Garten stumm,
die Königsgräber kaum ausgegraben.
Die Göttin Astarte manifestiert sich
als Klatschmohn, als üppig wuchernde Disteln.
Der Donnerstag, an dem das Blut Christi
die Eier rot färbt.
Auf allen Verkehrsinseln stehen,
mehr als mannshoch, Kerzen.

Weckruf

Wie werf ich mich nieder? Bequem,
auf dem nächtlichen Lager mich räkelnd.

Kein Morgengrauen, das Dorf in Mittelanatolien
schläft noch, dämmert.
Es schweigen die phrygischen Schalmeien,
die alle Seelenleiden heilen.
An der der Göttin geweihten Pinie
hängt geschunden der Quelldämon.

Der einzige Ort des Lichts
das basaltblaue Minarett.
Abseits des Mikrophons,
unbeabsichtigt zu laut aufgedreht,
räuspert sich, sehr leise, der Muezzin,
hebt sogleich an.

Komplexe Sequenzen,
streng symmetrische Pflanzenranken,
Arabesken, die sich ihren Weg
durch die Trägheit bahnen.
Blitzhelle Kalligraphie
auf leerem, abwesendem Grund.

Nicht oberflächlich schön dieses Ringen,
weil schmerzlich-verschlungen,
Laokoon, von Schlangen umwickelt.
Lang jede Sequenz, fast bis an die Schwelle der Atemnot.
Dazwischen deutliche Pausen, damit
der Ausrufer Atem schöpfen kann,
ohne daß Zuhörer
seine Sterblichkeit bemerken,
zu großer Stilbruch
im Angesicht des Ewigen.

Ein hartes Ringen,
doch als er schon übermannt zu sein scheint,
Andeutung eines harmonischen Ausklangs,
sehr leise, der gleich im Schweigen versinkt
in einer atonalen Welt.

Dann schlaf ich fest weiter.

In denselben Fluß

Wieder steigst du in den gewaltigen Fluß, Chao Phraya,
in die Klongs, jene »offne Kloake,«
in der die Anwohner neben den Wasserschlangen baden.
Schaust wieder, wie der liegende Buddha,
den Kopf auf den zierlichen Arm gestützt,
ins Nichts sich verjüngt.
Trotz oder wegen Skytrain ist Bangkok
sich gleich geblieben,
und wenn du dich verändert hast,
war's nur ein westliches Mißverständnis.
Die Schönheit in der Tempelanlage
entdecktest du schon das letzte Mal:
Auch jetzt, zwölf Jahre später, ließ sie sich grade massieren
und lächelt wieder, während sie dich noch einmal erinnert:
»Das Nirwana wird hier,
sozusagen, dir eingeknetet.«

Keine Aubade

Nicht lang nach Mitternacht, im Dunkeln,
stehe ich über dem fahrenden Loch
und leiste meinen spärlichen Beitrag
zum örtlichen Bruttosozialglück.

Nach Süden, langsam,
in die Gebiete, wo Anschläge drohn.
Im Fenster hängt eine warme Brise,
und langsam, wenn auch noch zu schnell
für meine Sinne, fährt
der Umriß eines Gehöfts vorüber.

Ich taste mich zurück
zum Schlafwagen zweiter Klasse.
Wann kommt der Sänger,
der diesem Landstrich,
auf keiner Karte je verzeichnet,
ein halbwegs gültiges Morgenlied widmet?

Mekong

Rotbrauner Strom, du schaukelst die kleinen, die kindischen Triebe,
Schwelenden Neid, Kurzschlüsse der Wut, Nestwärme der Selbstsucht,
Schläferst die Wölfe ein, von mir selber so eifrig gefüttert,
Die mich, dank dir, erst später mit Haut und Haar auffressen werden.
Wie könntest du, die vom Dach der Welt absteigst, sechs Länder großziehst, be-
Vor du im noch fernen Meer dich auflöst, von der Nichtigkeit wissen,
Die sich so starr-arrogant Indi-vidu-ali-tät nennt?
Wohltuend leer dein Lächeln, zerfließend, sich stets neu entfachend,
Während du zwischen Primärwald, geringen Weilern, hindurchgehst,
Auf Zehenspitzen durch Laos, das Land, das pro Kopf sich der meisten
Unexplodierten Streubomben rühmen darf. Mutter der Wasser,
Breit ist dein Rücken wie Sanskrit-Gesänge in Luang Prabangs Tempeln.
Auch mein baufälliges Longboot mit seinen utopischen Farben
Trägst du sicher. Und nur der Gestank des Diesels erinnert
An den Fußabdruck, den ich, meinesgleichen, ins Antlitz
Deines Planeten treiben. Wie behutsam dein Fußtritt,
Ständig sich recycelnd, im Umkreis der Minenopfer,
Die, ohne Füße, die leichten Bettelschalen hinhalten.
Gleitend, keinen Widerstand bietend: So ist dein Wesen,
Keiner hat die Botschaft Laotses so gründlich verstanden.
Wie sich auf deinem schaukelnden Rücken das Ich sich verflüchtigt.
Glücklich derjenige, der nie wieder an Land gehen müßte.

Himmlischer Frieden

Nicht auf dem Platz,
der bei den Studenten
Platzangst auslöste.

Nicht gegenüber,
im Lächeln, zweideutig,
des Dichter-Diktators.

Nicht hinter ihm
im Brunnen, in dem
die Königin-Konkubine
die Lieblingskonkubine
ertränken ließ

in jener allen
gegen Bares
zugänglichen Stadt,
in der die Herrscher in Palästen
mit immer harmonischeren Namen
Zuflucht suchten.

Nein, im Gewirr
der heruntergekommenen Seitenstraßen,
hinter einem Gelehrtenbaum,
einer schäbigen roten Tür,
die du zweimal antippen mußt:
Fünf Schnäbel auf einem schiefen Nest
am Stromkabel knapp über deinem Kopf,
und die Schwalbenmutter, die, unerschrocken,
Tag und Nacht, deinen Charakter prüft.

Interkulturelle Kommunikation

Rot die Anzeige, 303 km pro Stunde,
Schnellzug von Beijing nach Shanghai.
Ich höre iPod, der die Entfernungen
schneller vernichtet.

Excuse me, flüstert die Stimme rechts.
Eine Frau, schwarzhaarig,
fragt, ob sie aufs Display schauen darf.
Minuten später gestikuliert sie,
ob sie auch einen Plug bekommt.

Zunächst gibt's Aufputschendes:
Sleep Now in the Fire, Born of a Broken Man,
das Vorspiel zu *When the Levee Breaks* ...

Sie starrt, anscheinend gebannt, vor sich hin.

Dann kommt Einlullendes, Zugeständnis
ans unerwartete Publikum:
El Viento von Manu Chao,
Open Road, Shiny Happy People ...

Längst eingenickt ist sie,
ihr Kopf sinkt schwer
auf meine Schulter,
meine Brust.

Auf einmal schlängeln sich
silberne Strähnen
in ihren schwarzen Haaren, so langsam
war die Fahrt.

Die Stadt baut sich auf, ein ungestümer Imperativ:
Hinaus aufs Meer!
Den Plug versuche ich sanft zu entfernen.

Sie ist sofort da.
Ich frage: *Are you from Beijing? Shanghai?*
Sie bebt vor Befremdung.
Wir wünschen einander, weil alles andere
viel zu kompliziert wäre, *byebye*,
und lächeln flüchtig.

Intertextualität

So viele Leben weben neben deinem,
Vornehm gewandet wie von Hofmannsthals,
Hemdsärmliger, wie das des Kerls, der, stockend,
Beinamputiert, auf einem niedrigen Brett,
Durch Bangkoks hohes, brandendes Meer sich schiebt.
Wie die der magren Hühner, die dich wissend
Von ihrem Käfig auf dem Motorroller
Auf Bali anschaun, die der Lamaföten,
Das ewige Blau in ihren starren Augen,
Die in La Paz, am Hexenmarkt, dich grüßen.
Betörend schön der Teppich, den du kaufst,
Und zwischen denen, die nur die Rückseite
Dieses Gewebs, an dem sie knüpfen dürfen,
Genauer kennen: Welche Freundlichkeiten.

Astor House Hotel, Shanghai, oberstes Stockwerk

Der Anfang der Kalligraphie

Breiter, hellgrauer Fächer aus Knochen,
Schulterknochen eines Ochsen,
der sich von der Angebeteten
soeben stumm verabschiedet hat.

Shang-Dynastie, man hungert gerade,
knapp tausend Jahre vor Laotse.

Der Künstler, noch eher Divinator,
ritzt kräftig die noch gegenständlichen Zeichen,
noch eher zufällig angeordnet,
die sich zum Gebet
für gute Ernteerträge summieren.

Grob und drängend, es geht
schließlich nur ums Überleben.

Noch fern die Anmut
müßiger Gelehrter.

Shanghai-Museum

Westler im Osten

Unsere Stupas: Die Wasserspender,
himmelblau und unverseucht,
in jedem Stockwerk des Garten Eden,
der sich hinter hohen Mauern Hotel nennt.

Unsere Aufmerksamkeit:
Ein sehr vorsichtiges Durchlavieren,
vorbei an sich türmendem Bauschutt, an Schmutz,
an den pestverbreitenden Tauben
mit den blutenden Herzen,
die auf den Stufen des Jagannath-Tempels
starr herumliegen.

Namasté: Wir kennen's am besten
als elegant enthaartes Lied
der Beastie Boys.

Die Farben: Zu viel für uns,
die mit schwarz-weiß besser auskommen.
Auch die Gerüche: Vom Jenseits geschwängert.

Die Nullen der Landeswährung: Auf ihnen
sonnen wir uns
wie auf Luftmatratzen.

Das Everest Base Camp: Sublimer Moment,
wo unsere Ansprüche endlich
Sauerstoffmasken kriegen.

Die lebende Göttin,
weil sie die erste Monatsblutung
noch nicht hatte, soll immer noch
unsterblich sein:
Wir kauen Zwieback
und hegen Zweifel.

Kathmandu

Echte Männer weinen nicht

»Wie oft weine ich?
Einmal im Jahr vielleicht, wenn es hochkommt.
Okay, man kann Tränen auch trocken vergießen:
Wie bei der Einfahrt nach Kathmandu,
beim Anblick des Elends mit lächelndem Antlitz,
den wankenden Läden, deren Inhalt
wie Gedärm auf den verkrüppelten Gehsteig herausquoll.
Da stieg eine Welle von Trauer
aus dem untersten Bauch auf,
die mich kurz wegzuspülen drohte.
Doch echte Männer weinen nicht.«

»Absurd,« erwidert die See,
in so vielen Sprachen weiblich.
»Hör zu, du bestehst zu 70 Prozent aus Wasser, wie ich
zu 70 Prozent deine Welt darstelle.
Glaubst du etwa, das wäre ein Zufall?
Weine 70 Prozent deines Lebens,
dann ist das Verhältnis ungefähr richtig.«

Schnellstraße im Norden Indiens

Die Kühe besetzen den Mittelstreifen,
breiten sich auf der Überholspur wohlig aus.
Der Laster, ein Juggernaut, in Krischnafarben glitzernd,
weicht einer aus, drängt das Taxi
in Richtung Straßengraben.
Wie diszipliniert man hier das Straßenverkehrschaos einhält:
ein Ausweichballett der anmutigsten Art.
Zugleich ein Hupkonzert, aber weit,
schon sehr weit, jenseits von Schönberg und Berg.
Nur einer, der nicht mehr innerhalb des Käfigs denkt,
nur einer wie John Cage,
könnte so etwas noch gerecht werden:
dem reinen Fluxus.
Die Kühe als dicke Mercedes, als Maybachs,
und kastenmäßig unter ihnen
die Tatas, gediegene Mittelklasse,
bis hin zu den Dalit, den offnen APEs
mit schwachbrüstigem Motor,
in denen zehn Menschen oder zwölf
wie keusche Fledermäuse hängen.
Die Hunde, ungewöhnlich manierlich am Straßenrand.
Die Affenfamilie aufrecht bei Yoga-Asanas.
Das hochmütig wirkende Kamel,
das pfeilgerade seine hölzerne Kutsche zieht,
in der ein Pärchen sorglos schläft.
Die Geisterfahrer, so unauffällig,
für die unaufgeregt Platz gemacht wird.
Die Wasserbüffel, die gemächlich hinüberschlendern.
Das Pferd mit dem roten Punkt auf der Stirn.
Und doch am gelassensten die Kühe.
Ist einem doch anders zumute, wenn man als heilig gilt?
Geübte Buddhisten,
scheinen sie jeden Gedanken unmittelbar loszulassen,
heruntergebrochnen Ast, der sanft
auf dem breiten Bewußtseinsstrom wegtreibt.

Etwas beleibtere Bodhisattvas,
die wegen ihrer leidenden Peiniger oder Betreuer
hier zurückbleiben.

An Rimbaud denkend in Rajasthan

Ich ist ein andrer schließt das Junggenie
In den Fußstapfen des Leconte de Lisle:
Das Epos löscht das Ego aus – so viel
Zu sehn, auf hohem Roß sieht man es nie.

Auch im Sonett, das er einmalig fügt,
Macht sich der Egoismus sehr schnell rar:
So viele Meister schauen zu, Ronsard
Senkt leicht den Daumen, weil es nicht genügt.

Hier auf der schlammigen Straße dringt ein Ich,
Ein neues, dir minütlich durch die Poren:
Die Frau mit einem Hut aus Ziegelsteinen,
Verstümmelte, die weinen, innerlich,
Das Pferd mit rotem Punkt zwischen den Ohren ...

Das hassenswerte Ich: So zu verneinen.

Notdurft

Poetischstes Thema.

Hoch oben im 4- oder 7-Sterne-Kasten
mit blitzblanken Annehmlichkeiten
erblickst du zufällig, ganz unten,
nicht weit vom Baum, wo gestern
ein Sadhu die Menge segnete,
einen Mann – in aller Ausgesetztheit
läßt er sich nieder und entleert sich.

Dürfte man so in der Not ausharren?

Vier oder sieben Stunden später
sind alle erlauchten Sterne verblaßt;
Die Straße, nach schweren Monsunfluten, Dreck;
die Laster mit den Götternamen
geduldig sich stauend wie Elefanten;
der Taximotor endlich ausgefallen;
und du, hohes Ich, muß jetzt auch austreten.

Du fragst in der Werkstatt, fast ohne Werkzeug,
wirst nicht verstanden;
natürlich geht jeder hinter die mutige Fassade,
schlägt dort sein Wasser im Regen ab,
den Blicken vieler Nicht-Hinblickender ausgesetzt,
während durch die Rückwand subtilste Spin-Strategien
der indischen Cricket-Mannschaft dringen:
caught at deep point.

Vielleicht lernst du einmal, was Karma bedeutet,
warum sie hier so hilfreich, unhektisch, im Kreis sich bewegen.
Dein Tag sähe sicher anders aus,
wenn auch du mehr Leben vor dir hättest
als Blätter am Tamarindenbaum.

Der ewige Brunnen

Vorläufig jeder Brunnen, wie derjenige,
auf den das afrikanische Dorf
seit ewig wartet.

In der so peinlich gepflegten Anlage
in Südindien
entsorgt der Bedienstete meinen Hausmüll

in einen orangenen Brunnenschacht,
so tief, als ob Eichendorff
ihn in einer Mondnacht ersang.

Was ist in der schweren Anthologie ewig?
Eichendorff schon, und sonst
recht wenige reine Stimmen.

Von den Neuzugängen neueren Datums
kannte ich fast keinen Namen mehr.
Hausmüll, zu entsorgen.

Strand

Letzter Fetzen
des flüchtenden Orts,
der kein Ort ist.

Die Satten in ihren Villen
im sibyllinischen Baiae;
die frühindustriellen Arbeiter,
unterwegs in den jungen Zügen
hin zur fröstelnden Sommerfrische;
und jetzt das Pauschalglück,
Designerparadies, -paradas oder -parajenes,
Abenteuer, doch garantiert billig.

Dachte Rousseau je
über den Stellenwert des Strands
in der damals noch intakten
Geschichte des Fortschritts nach?

Vor den entsetzten einheimischen Blicken
schwimmt ein Tourist,
der die übliche Tour macht,
zurück zum kurzsichtigen Ausgangspunkt,
unterhalb der noch nicht planierten
Steilküste in Varkala,
greift, willig oder unwissend,
in die Asche des Menschen,
der in einer Strandzeremonie
dem Meer, den Ahnen,
gerade zurückgegeben wurde.

Drüben in Santa Monica fremdelt
in seinem putzigen Sträflingskostüm,
sehr steif, Thomas Mann mit dem seichten Wasser;
und auf der anderen Seite des Piers,
auf feinstem kalifornischem Sand,

wächst jede Woche
der nachgebaute Friedhof
für die Gefallenen
der Kriege, der kaum mehr zählbaren Kriege,
gegen die fliehende Utopie.

für Bernhard Albers

Taxifahrer

Im Slum leben könne er nicht, Dharavi
spricht er aus, als wär's eine ferne Utopie,
ein leider nicht erschwinglicher Traum
aus mindestens 101 holden Morgendämmerungen.

Obdachlos sei er, das Taxi geliehen,
ob ich das bitte bei der Preis-
stellung bedenken würde?
Frau und Kinder wohnten weit unten,
auf wenigen Metern, in Tamil Nadu,
er müsse das Geld aufbringen für Privatunterricht,
denn Englisch sei der Schlüssel zu allem;
der Bettler am Gehsteig, vertieft in die Zeitung,
lese nur Urdu, sei schon verloren.

Ein schweres Englisch: Rotwein, der längst
zu Portwein wurde,
viktorianisch berauschend, nicht spritzig,
nicht ironisch-leer, wie jenes Tafelwasser,
das sie im einstigen Mutterland trinken.

Ein Christ, doch er kennt sich überall aus:
Bei *The Well* versteht er
The Wheel, nimmt mich mit
zum Feuertempel der Parsen, zeigt auf den nahen Strand,
Girgaum Chowpatty, die hehren
Wohntempel am Malabar Hill,
die Hängenden Gärten, die Türme des Schweigens,

aus denen die hastig importierten Geier
die Leichen,
die keines der heiligen Elemente verseuchen dürfen,
mit Zucker und Butter bestrichen,
zu oft zu langsam abholen,
noch heile Teile im Flug fallenlassend.

Dann weg aus Mumbais Manhattan,
im ewigen Stau, nach Norden,
zum Slum, zum ehemaligen Mangrovensumpf.

Die kleinste Hütte koste zehn Lakh Rupien –
ich rechne mühsam nach, das wäre in unserem Geld
glatt eine halbe Million –,
doch bald schwebten Bauunternehmer ein,
machten alles dem Boden gleich, frei
für ätherische Wolkenkratzer:
Die Leute säßen auf einer Goldgrube.

Ein Freund von ihm habe es richtig gemacht,
sein Häuschen verkauft, als er für die Mitgift
seiner drei Töchter aufkommen mußte,
und etwas sei auch noch übriggeblieben
für ein Anwesen weit außerhalb.

Auf jedem Gehweg, in jedem Kleinladen,
wird geradezu schwäbischer Fleiß entwickelt,
und Strom gibt's auch, auch wenn eine Toilette
auf weit über tausend Menschen kommt.
Den Fluß gibt's, träge vorbeifließend, immer:
Ein Räthsel ist Reinentsprungenes.

Slumdog Crorepati: Auch die erfolglosen Hunde
freuten sich über ihre zeitweilige Erhöhung
am vielfarbigen Kinohimmel,
obwohl die Tagelöhner in den Töpfereien
keine Karte sich leisten könnten.

Der Taxifahrer und ich, wir schauen,
ich flüchtig, er lang, auf die Mauerlücke,
in der so ein Läuterungsberg aus Müll,
auf dem, beängstigend selbstbewußt,
die blauschwarzen Krähen herumstolzieren,
einen anderen Himmel verspricht.

Daneben, fast nicht mehr lesbar
im hartnäckigen Schmutz,
Life is Okay.

Und in den Köpfen der emsig Arbeitenden
spielt sich, völlig gebührenfrei und immer wieder,
ein Clip von Julia Kristeva ab:

Umdrängt von Objekten,
ich, ein Abjekt,
das Subjekt werden will

Ich bin ein Bogotano

Wie lang muß man an einem Ort sein,
um dazuzugehören?
Ein Leben lang? Wie viele Sekunden
müßten da ordnungsgemäß verfließen?
Und was ist die Regel für Eintagsfliegen?
Vor allem: Wo genau liegt die Grenze
zwischen einheimisch und ewig fremd –
sie ist doch hoffentlich nicht so willkürlich
wie bei der Grenzziehung mit Lineal,
die dem, was wir Mittleren Osten nennen,
immer noch zum Verhängnis wird?

Reicht nicht ein halber Tag in den Schichten
der ohnehin unausdeutbaren Geschichte Damaskus',
als Isis noch eine Gottheit war?
Zwei Stunden allein in Machu Picchu
mit all den Verschwundenen,
die Vollendung hinterließen
doch keine einzige Erklärung?
Zehn Minuten Auge im Auge
mit der bisexuellen Sphinx?

Auch hier hab ich nur begrenzte Zeit –
erblicke in dünner Andenluft
die Damen mit ihren Bowlerhüten,
den Christus mit drei identischen Köpfen,
Schamanen, die als Fledermäuse
zwischen den Zonen hin- und herfliegen …

Nur kurze Eindrücke
auf der nicht so viel längeren Netzhaut.
Doch einmal ganz ehrlich:
Hab ich wirklich wahrer gelebt
in jenem Bezirk,
in dem ich amtlich gemeldet bin?

IV Frühling

Ich und Nicht-Ich

Die Gräue des Himmels, zu ernst, zu freudig,
um darin ein Lächeln vermuten zu können,
das tiefgrüne Auge des Flusses mit seinem eisigen Star,
die tauben Finger, die Arme, in die
das Gefühl zurückkehrt,
der Schoß, der die Nicht-Mehr-,
die Noch-Nicht-Lebenden wärmstens beherbergt.

Schwefelquellen, Februar, unter der bröckelnden Mauer.
Flach liegst du auf den unförmigen Steinen
in einem der Becken knapp über dem Fluß,
in einem der *vasche*, in denen der Papst Piccolomini vor dir
Heilung für seine Psoriasis suchte.

Im Ohr Kaskaden aus dem Vulkan,
ein System aus kommunizierenden ältlichen Plastikröhren,
liebevoll-stümperhaft improvisiert
wie die Steine, Grenzsteine zwischen den Stufen, Hitzestu-
fen,
für die Oshos und *gente normale*, die sich abkühlen wollen,
Zengarten an der alten Grenze, am Grenzfluß Farma,
und drüben im Wald schon begann das päpstliche Gebiet.

Loerkes Bedürfnis, nach Todesschrecken,
Anfang des Kriegs, Angstschweiß in den Haaren,
sich auf die Menschen, die Lieben, trauernd zurückzu-
schauen,
die ihm wie seine Kinder schienen,
die Wachsenden wie die Schwielenharten,
die unter allen Zeichen des Zodiaks Heimischen.

Keats, mit Mitte Zwanzig in Rom
an der Schwindsucht dahinschwindend so geschwind
in seinem posthumen Lebensabschnitt,
wie er wahrheitsgetreu-selbstironisch meinte

im Krankenbett an der Spanischen Treppe.
Lindengrüne Seide, unendlich sanft zu berühren,
zu sanft, um Abschied nehmen zu können.
So stark war seine Empathie, daß er intensiv spürte,
wie die blauen und weißen Veilchen
im Protestantischen Friedhof, hell tanzend
vor dem beweglichen Schatten der Cestius-Pyramide,
tröstend über ihm wachsen würden.

Vereinzelte Atome erkennen, begegnen einander
in den fremden, steifen Gewändern:
Wasser, Stein, Mensch, Baum.

Auf dem rostigen Verkehrsschild
oben am Hügel über diesen verfallenen Bädern
die Wassersequenz aus dem Sonnenlied
des Franz von Assisi:
Integre Erzählung, auch wenn alles
außerhalb dieses Bezirks zerfällt.

Stehst du endlich auf,
ist dein Kreislauf ganz weit draußen,
du stolpert schwer, zufrieden ins Nicht-Mehr,
und dann zurück, dann wieder hinüber,
da wo die punktuellen Schüsse der alternden Jäger
in ihrer schicken paramilitärischen Kluft
die Jung-Wildschweine nicht mehr erschrecken.

Der Kreislauf, der nicht mehr nur deiner ist.

Endgültig verschwunden

Rätselhaft lächelnd
verschwanden die Etrusker
in schweigenden Nekropolen.
Auf ihren Sargdeckeln
die kultiviertesten Zwiegespräche.
Ihr Dunkel kontrastiert
mit dem Glanz des Sommertages.

Das Mädchen
mit den Eintrittskarten
zu den Ausgrabungen
strahlt, ihr Gesicht
von einer der
Sarkophagskulpturen
abgepaust.

Im steigenden Jahr

Es lacht in dem steigenden jahr dir
(Stefan George: Das Jahr der Seele)

Der grau-
sige Ab-
grund,
der, schreck-
lich ge-
lang-
weilt,
ein Le-
ben
la-
ng,
un-
ter dir,
vor s-
ich hin
gäh-
nte.

Warum sahst du nie ein,
es trug ein Liebesmeer
dich empor?

Fortschritt

Unergründlich grün
durch das Oberland
fließt die Isar,
löst ihre Mineralien auf,
ihre Kalkgesteine,
unaufgeregt im glitzernden Frühling,
undialektisch,
unaufhaltsam.

Wie blitzende Flüsse
durch die Hochanden,
die dunkle Unwegsamkeit
der sibirischen Hochebene.

Die Menschen, bestenfalls
im Zickzack,
seitwärts, rückwärts,
hinab durchs Angstloch
mit den vorstehenden spitzen Zacken.

Der Fortschritt, nur ein kurzes Aufklaren
in der Aufklärung?

Mit dem Strom fährt
eine schöne Frau, honigblond, geradlinig,
den rumpelnden Schotterpfad entlang,
ihre Fahrradlampe gleißend hell
in der Helle des Mittags.

Roma Termini

Durch das monumentale Glas
des faschistisch-futuristischen Tempels
bricht grandios die Frühmorgensonne.
Schatten mit iPhones, Tamagotchis, Heeren von Koffern,
lächelnd, tiefernst.
Reisen, die bald beginnen,
Reisen, die bald vorbei sind.
Tamilische Frauen in hellen Kopftüchern,
Chinesen, Malayen, und andre, ermattet,
als ob gerade von einem stürmischen weißen Stier
weit über das ängstliche Meer getragen.
Nicht Anspannung, auch nicht Aufbruchstimmung –
ein Chor, tief ineinander verknäuelt.
Das ist nicht der übernatürliche Sirenenton,
den die in den Beibooten glücklich Geborgnen
vor jetzt genau hundert Jahren aus der Ferne vernahmen –
Geschreie der Ertrinkenden unter den Messerstichen
gefrierenden Wassers im Nordatlantik.
Eher die munter-geschäftigen Rufe
der Mannschaft Odysseus', an keinen Mast gebunden,
vor der letzten Fahrt
durchs Hausmeer, hinaus,
neugierig an den Säulen des Herkules vorbei.
Endpunkt, Neuanfang.

Wanderdaktylus: Travelin' Man

Frühling, die Starre löst sich, nichts als Sprungtanz.
Seßhaft waren wir schmählich lang. Doch endlich
Anfang, Aufbruch. Überall ruft die Straße.
  Uns, den Nomaden.

Wie auf dem Outtake, Blues – es war nie blauer –,
Wo der Vagabund sich nur heimisch fühlt, wenn
Er mit seinem Mädchen im Haar gleich heute
  Sich aus dem Staub macht.

Rolling Stones Outtake, Olympic Studios / Stargroves, 17-31. Oktober 1970

Am ersten Tag nach der Auferstehung

Lange, sehr lange, war ich tot.
In noch nicht wirklicher Februarsonne
haucht die Frau, florentinisch blühend,
mir bitteren Rauch so süß in die Lungen.
Jede Miene birgt Panerotik.
Die scharlachroten Westen der Kellner
im Café der Futuristen schreien: Neuanfang!
Der Sonnenwagen beschleunigt extrem, ein Maserati,
doch hatte Marinetti nicht recht:
Mit offenen Flügeln, und nicht mehr kopflos,
landet siegend die Göttin des Friedens.
Schlachtstätten der Fleischer, ungeschlacht
in den brauen Fluß hinuntersackend,
schimmern verkehrt als Goldschmiedboutiquen.
Rapsfelder, Unterpfand des Glücks,
auf den Staffeleien der Straßenkünstler.
Sogar die wohlfeilen Taxischilder leuchten anders.
Alles Banale auf einmal sakral.
Neptun mit seinem Dreizack
der im Smaragdgrünen fischt.
Halbgötter und Generationen
wandeln still-lächelnd durch die Gärten.
Die noch halb ge-
schlossenen Gesichter der frühen Blumen,
hellgelb die Augen, tiefblau die Wangen,
in Luft still-strahlend wie vor der Geschichte.
Die Schleuser der über einhundertsiebzig
zerlumpten Auswanderer auf dem weißen Lkw,
ausgeräubt, ausgepeitscht, lebendig begräben
in Dirkou, im leeren Ténéré,
zugunsten der traumhaften Nettorendite,
noch nicht geboren.
Vestalische Zypressen – ein Festzug
über die Hügel der Frührenaissance,
Aufwartung vor dem Numinosen –

sind alles andre als Friedhofsbäume.
Endlich kann jeder zur Tiefe durchstoßen.
Die derart unnützen Künste,
auf einmal können sie alles.
Gar kein Gedanke, dessen Zeit
nicht gekommen wäre.
Hoch oben in den zerstörten Bädern von Caracalla
baumelt Shelley und schreibt, in genauen, stoischen Fesseln,
an dem entfesselten Prometheus,
am Traum, der jetzt,
an allen Ecken und Enden, wahr wird:
Nicht aufzuhalten der Widerstand gegen
die Kräfte der Repression.
Auch das Ende
gibt sich jugendfroh und gewinnend.

Florenz, 24. Februar 2012

Der weit entfernte Brunnen

Du willst gleich alles an dich binden, binden,
Verdrängst, daß es dabei ist, zu verschwinden.
Der Rausch des Augenblicks, der Blick der Liebe –
Wie wäre der Verlust auch zu verwinden?
So vielgestaltig, so unvorhersehbar,
Ob Papua, Timbuktu, Unter den Linden.
Nur wenn du alles ganz verloren hast,
Wirst du's vielleicht verwandelt wiederfinden.

Strand bei Neapel, Ahnung des Ursprungs

The sun is warm, the sky is clear,
The waves are dancing fast and bright ...
(Percy Bysshe Shelley, »Naples - December 1818«)

Jäh von den Fischerbooten blitzt's, Azur.
Der Winter, lang und streng, die Folie nur
Für diese Wiederkunft bei den Sirenen.
Als goldene Motten zeigt sich die Natur.
Süß wie das Ischtar-Tor den Dürstenden,
Blauer als jedes Blau, nach der Tortur.
Wie den Nomaden die mitwandernden Sterne,
Des Umherirrens stete Grundstruktur.
Der finsterste Asket in feuchter Höhle
Erwacht, erkennt den innren Epikur.
Frühlingsgefühle bei den Unterdrückten,
Denn nicht mehr lange währt die Diktatur.
Die morschen Satzungen, Gesetze, Sätze,
Gesetzt doch nicht gelebt, Makulatur.
Die Zeit erweist sich als geräumiger Kreislauf.
Durch so viel Wiederholung strahlt das Ur.

Weltende, das nächste

Jakob van Hoddis: Weltende (1911)

Dem Bürger fliegt vom spitzen Kopf der Hut,
In allen Lüften hallt es wie Geschrei,
Dachdecker stürzen ab und gehn entzwei
Und an den Küsten – liest man – steigt die Flut.

Der Sturm ist da, die wilden Meere hupfen
An Land, um dicke Dämme zu zerdrücken.
Die meisten Menschen haben einen Schnupfen.
Die Eisenbahnen fallen von den Brücken.

Weltende, das nächste

Der Chefin, weil grad kopflos, fehlt der Hut.
In allen Lüften AfD-Geschrei.
Gutmenschen stürzen ab und gehn entzwei.
Und an den Grenzen – hört man – steigt die Flut

Der Überfremdung. Die Migrantenwellen
Hüpfen an Land. Um Heimat zu zerdrücken?
Die meisten Menschen wimmern oder bellen:
Wir schaffen's nicht, das Ganze muß mißglücken.

Februar 2016

Wo liegt Utopia?

Wo liegt Utopia? In Schwefelquellen,
Die Päpste heilten, unter dem Vulkan.
Wie eine Schmutzschicht wäscht sich ab der Wahn.
Auch frühere Schlächter flattern als Libellen.

Kein Demagog mit haßverzerrtem Maul
Fordert uns auf, an Grenzen scharf zu schießen.
Denn welche Grenzen sollten wir hier schließen?
In diesem Staat sind nur die Eier faul.

Alle Migranten, die ums Leben kamen,
Erstickt, ertrunken oder angezündet,
Deren Gebet abbrach lang vor dem Amen,

Räkeln sich in den Becken. Und der Tod,
Der sie so gierig schnappte, auch er findet,
So läßt sich's leben, einig, schwefelrot.

Bagni di Petriolo, Februar 2016

Im Irrealis

Auch wenn ich diese Lebensfrist ertrüge,
Fünfhundertmillionen Atemzüge,
Den ewigen Krieg aushielte und nicht fragte,
Wem man als nächstem kraß den Kopf abschlüge,
Nicht wüßte, daß die lächelnde Elite
Auch noch die kleinste Wahrheit unterschlüge,
Daß der Osoph zu sehr Tier war, als daß er
Das Ausmaß seines Hasses hinterfrüge,
Und auch vermöchte, ein Asyl zu finden
Weit weg vom geldverseuchten Machtgefüge,
Atlantis ideal am Meeresboden,
Haltlose Utopien zur Genüge
Besäße, zur Realität geronnen –

Wär alles, außer deiner Liebe, Lüge.

Nachgedicht

Vergiß

Vergiß die Gedichte in Büchern und schau
auf die vielen, die am Straßenrand liegen,
vom arbiträren System ausgestoßen,
da findest du das, was deine Not wendet.

Vergiß die Gedichte am Straßenrand,
die abertausenden Klagen aus dem Ersten Weltkrieg,
die abertausenden Haiku, die jeden Tag neu entstehen,
und schau auf die Gespinste, die nie zu Ghaselen wurden,
auf die Gedanken, vollendete Gedanken,
die nie zum Ausdruck kamen.

Vergiß die Gedanken und schau
auf die Bewegtheit dahinter.

Zum Autor

Richard Dove, geb. 1954 in Bath, lebt mit Unterbrechungen seit 1981 in Bayern, zunächst in Regensburg, seit 1987 in München. Neben Übersetzungen, Herausgaben und Aufsätzen zur Poesie veröffentlichte er die Gedichtbände *Aus einem früheren Leben. Gedichte Englisch-Deutsch,* aus dem Englischen u.a. von Ulrike Draesner, Hans Magnus Enzensberger, Gerhard Falkner, Michael Krüger, Reiner Kunze, Michael Lentz, Friederike Mayröcker, Joachim Sartorius, Jürgen Theobaldy (2003), *Farbfleck auf einem Mondrian-Bild* (2. Auflage 2004), *Am Fluß der Wohlgerüche* (2008), *Syrische Skyline* (2009), *Straßenbahn, Hiroshima* (2011).

Kritische Stimmen: »Richard Doves Gedichte ähneln kleinen Peilungsapparaturen, die das Chaos der Oberfläche erkunden und zugleich den feinen Stimmen der Tradition lauschen.« (Nico Bleutge, *Süddeutsche Zeitung*); »Dove bezieht sich nicht auf Tradition, um mit ihr zu prunken: Anspielung ist ihm vor allem Spiel. Er ist ein Liebhaber der Formen und Vernetzungen. Natürlich drehen sich viele Gedichte um das Schicksal von Kunst und Künstlern: ›Beim Öffnen von Byrons Gruft‹, ›Sappho‹, ›Nietzsche‹ oder ›In memoriam Ernst Meister‹. Aber es gibt auch eine Menge Zeitgeschichte und Zivilisationskritik in seinen Versen.« (Harald Hartung, *Frankfurter Allgemeine Zeitung*); »Der Aufenthalt im Unbekannten schärft den Blick: Dove notiert in seinen Gedichten den Zusammenstoss von Geschichte und globalisierten Zeichen.« (Martin Zingg, *Neue Zürcher Zeitung*).

In ihrer Besprechung von Doves jüngster Sammlung, *Straßenbahn, Hiroshima*, in der *Neuen Zürcher Zeitung* beschrieb Alexandra Stäheli die polyzentrisch-rhizomatische Bewegungsart seiner Gedichte folgendermaßen: »Von einem eleganten, spielerisch-tänzelnden und doch sehr gründlichen Aneignungstrieb durchdrungen, der beim abendländischen Denken der Antike ausholt, die Haikugedichte Bashos streift, die Anakreontiker des 18. Jahrhunderts und die deutsche Klassik und Aufklärung durchquert, bei der russischen Lyrik des 19. Jahrhunderts verweilt, um zugleich immer wieder bei einem sich erinnernd dezentrierenden Selbst anzukommen.«

Inhalt

Vorgedicht: Ut pictura poesis · 9

I Winter

Bachmann · 13
Über dir der bestirnte Himmel · 15
Du gingst so sanft in jene Gute Nacht · 16
Madrugada · 17
Elternteil sein · 18
Alle verwunden, die letzte tötet · 19
Das tiefste Loch der Welt · 20
Vergessenheit · 21
Die Ewigkeit als Fußballspiel · 22
Fünf Fäden tief · 23
Der Kriegsgott an den Rekruten · 24
Selfie, somalisch · 25
Ich ist ein anderer · 26
Mit Juvenal · 27
Litanei des Fortschritts · 28
An die Zikade · 29
Schneetrost · 31
Hippokrene · 32
dizee Theo · 33
O süßer Lenz · 34
Der Schläfer am Strand (frei nach Rimbaud) · 35
Terror ist keine Gemeinde auf Gran Canaria · 36
Noch einmal Sommer 14 · 37
Keine Angst · 38

II In einem Termitenversmaß

In einem Termitenversmaß · 41
Sappho · 42
Gryphius-Overwrite 1643/2012 · 43
Für Hofmannswaldau · 45

Tristan als Gewerkschaftsvertreter · 46
Bei Droste · 48
Elegie aus der Vorstadt · 49
Ode an Kybèle · 51
Ich bin das intransitive Gedicht · 53
Bohémiens · 55
Gedichte verstehen · 57
Bella bellissima · 58
Das Lissaboner Telefonbuch · 59
Amygdala · 60
Porträt des Künstlers · 61
Ästheten · 62
Als Krolow nicht mehr sprechen kann · 63
Aus der Geschichte der Metrik · 64
Notizen zu einem politischen Gedicht · 66
Die langen Blicke durch die kurze Zeit · 67
Aus den Übersetzungen verschollener Sappho-Imitationen · 68

III Unterwegssein, die Heimat

Unterwegssein, die Heimat · 79
Postkolonial: Eine Trance · 81
Sehenswürdigkeiten · 82
Hell's Kitchen · 83
Inseln des ewigen Frühlings · 84
Visión fugáz · 85
Grau · 87
Nabel der Welt · 88
Sincretismo · 89
Ode auf die Kotztüte · 90
Despierta, corazón dormido · 92
Loch in der Netzhaut · 93
Plastikflasche · 94
Stómen kalós · 95
An eine Badende · 97
Paphos · 98
Weckruf · 99

In denselben Fluß · 101
Keine Aubade · 102
Mekong · 103
Himmlischer Frieden · 104
Interkulturelle Kommunikation · 105
Intertextualität · 107
Der Anfang der Kalligraphie · 108
Westler im Osten · 109
Echte Männer weinen nicht · 110
Schnellstraße im Norden Indiens · 111
An Rimbaud denkend in Rajasthan · 113
Notdurft · 114
Der ewige Brunnen · 115
Strand · 116
Taxifahrer · 118
Ich bin ein Bogotano · 121

IV Frühling

Ich und Nicht-Ich · 125
Endgültig verschwunden · 127
Im steigenden Jahr · 128
Fortschritt · 129
Roma Termini · 130
Wanderdaktylus: Travelin' Man · 131
Am ersten Tag nach der Auferstehung · 132
Der weit entfernte Brunnen · 134
Strand bei Neapel, Ahnung des Ursprungs · 135
Weltende, das nächste · 136
Wo liegt Utopia? · 137
Im Irrealis · 138

Nachgedicht: Vergiß · 141

Zum Autor · 142

RICHARD DOVES neue Gedichtsammlung ist der Versuch, Stefan Georges im Grunde prämodernen Jahreszeitenzyklus »Das Jahr der Seele« (1897) unter den Bedingungen der Nachmoderne fortzuschreiben. Auf 92 klassisch-getragene Gebilde antworten 92 Bruchstücke aus der zeitgenössischen Zersplitterung. Wie groß das Gefälle geworden ist, zeigt schon die Neuschreibung des berühmten Georgeschen Jugendstilgedichts »Komm in den totgesagten park und schau.« Und wo bleibt die Seele? Heute, im Zeichen des Transnationalismus, wandert der Reisende unruhig durch eine unfertige Welt und muß, wie die afrikanischen Nomaden, immer wieder plötzlich stehenbleiben, damit seine Seele ihn einholt.